미래전쟁, 어떻게 다가올 것인가?

전쟁영화와 미래전쟁[1)]

문장권 지음

1) 본 책에서 제시되는 내용은 필자의 개인적인 견해이며, 소속기관의 공식적인 견해가 아님을 밝힙니다.

문장권

· 2000년 신한대학교(舊 신흥대학) 행정학과 졸업
· 2002년 육군3사관학교 영어학과 졸업(학사)
· 2007년 국방대학교 국제관계학과 졸업(석사)
· 2016년 경남대학교 정치외교학과 졸업(박사)
· 현재 육군3사관학교 정치외교학과 조교수 / 도서관장
· 논문 : "미래전 패러다임 변화와 육군의 부대구조 발전방안(2021)", "미래 유·무인 혼합 보병부대 전투수행기능별 핵심요소 우선순위 비교연구(2021)", "전통적·비전통적 안보 문제와 군사혁신 방안 연구(2020)", "탈냉전기 북한의 핵정책 결정요인 연구(2018)"
· 저서 : "게임체인지로 가는 첫 여정: 탈냉전기 북한의 핵정책과 자주권 쟁탈사(2018)"
· 관심분야 : 북한의 핵/WMD, 육군력, 지상전력 발전, 합동성 강화 등

차례

프롤로그

"변화의 길 위에 서서 미래의 길을 묻다"

필자의 2021년은 '전쟁'과 '군사' 분야에 몰입하여 웃고 울며, 그리고 고민하고 씨름하며 보내온 시간이 20여년이 흘렀음을 상기시켜 주는 해이다. 1999년 약관의 20대 나이에 처음 충성대와 인연을 맺고 '전쟁'과 '군사'에 심취하여 미래의 길을 고민했던 시간들이 주마등처럼 스쳐간다.

이제는 '전쟁'과 '군사' 관련하여 고민했던 시간이 흘러 전환점(?)을 돌아 다시 마음의 고향인 '충성대'에서 '미래전쟁'이라는 주제로 고민한 흔적을 글로 남길 수 있다는 생각에 감개무량할 따름이다.

많은 독자들이 공감할 수 있을지 단언할 수는 없지만, '인류의 역사는 전쟁의 역사'라는 말에 일정 부분 공감하지 않을까 생각한다. 하물며, '전쟁', '군사'라는 주제와 매일 접하며 생각한 필자에게는 두말할 필요 없이 십분 공감되는 말이다.

필자가 '전쟁' 그리고 '군사' 관련 주제와 깊은 연을 맺을 수 있게 된 것은 1999년 육군3사관학교 사관생도 선발 과정에 응시하면서 부터다.

당시 젊은 20대 나이에 주변 동료들과 어울리기 좋아하고, 큰 고민 없이 지내다가 막상 인생의 진로를 선택해야 할 시점에 여러 고민과 주변 지인의 추천을 통해 육군3사관학교를 알게 됐다. 그리고 운명의 장난인지 몰라도 운좋게(?) 합격하여 소정의 과정을 마치고 명예로운 장교의 길을 걷게 되면서 '전쟁', '군사' 관련 주제에 천착할 수 있는 계기가 되었다.

'과연 전쟁이란 무엇이고, 어떻게 바라보고 이해해야 할까? 그리고 우리는 무엇을 준비해야 할까?' 해당 질문이 필자의 평생 연구 질문 이다. 이에 대한 답을 찾아나가는 여정(旅程)이 필자가 앞으로 나아가야 할 길이라 생각한다.

이 책은 지난 20여년의 '전쟁'과 '군사' 관련 고민하고 생각하고, 특히, 신한대학교 과정, 육군3사관학교 학사 과정, 국방대학교 석사 과정과 경남대학교 박사 과정에서 뵙게 된 많은 은사님들의 학은 덕분에 깨닫게 된 것을 기록한 것이다. 만약 은사님들의 가르침이 없었다면 이 책은 세상의 빛을 보지 못했을 것이다. 다시 한번 지면을 빌어 은사님들께 깊은 감사를 드린다.

무엇보다도 책에서 다루어지고 있는 내용들이 '미래의 주역'인 생도, 후보생들과 젊은 장교, 부사관들에게 그리고 군사 분야에 관심을 가지고 있는 학생 및 일반 독자분들께 '미래전쟁'에 대해 흥미를 유발하고, 새로운 관점을 북돋기를 소망한다.

이 책에서 주목한 부분은 최근의 전쟁양상을 반영한 세 편의 영화('드론전쟁 : 굿킬', '헌터킬러', '아이 인 더 스카이')를 소개하면서 영화에서 보여주는 '미래전쟁'의 변화 양상을 고찰해 보았다는 점이다. 그리고 앞으로 다가올 '미래전쟁'을 대비해야 할 한국군 입장에서 '우리는 무엇을 준비해야 하나?'에 대한 개인적인 소견을 제언해 보았다.

이 책은 '전쟁영화'라는 매체를 통해 독자들이 미래전쟁의 모습을 간접적으로 체험하여, 단 한명이라도 '미래전쟁'은 우리가 함께 고민해야 할 주제구나 라는 생각을 갖게 되기를 소망하는 마음으로 구성했다.

총 6장으로 구성되어 있으며, 세 편의 전쟁영화와 '미래전쟁', '합동성', '군사혁신'이라는 키워드를 접목시켜 '우리는 무엇을 준비해야 하나?'에 방점을 두고 논의를 전개해 나갔다.

제1장 왜 미래전쟁인가?에서는 '미래전쟁 어떻게 다가올 것인가?' 라는 질문에 대한 역사적 변화과정을 추적하고 있다. 미래 예측분야에서 저명한 학자인 앨빈 토플러가 1993년에 출간한 『전쟁 반전쟁』에서 '미래전쟁'의 변화 양상에 대해 여러 예측들을 했다. 그리고 그 예측들이 최근의 전쟁에 실제 영향을 미쳤는지 여부를 엿볼 수 있었다. 특히, 21세기 정보사회에서 '미래전쟁'을 어떻게 바라보고 이해해야 하며 무엇을 준비해 나가야 하는지에 대해 많은 시사점을 제공해 주고 있다.

제2장 전쟁과 국제정치이론에서는 '전쟁이란 무엇인가?', '전쟁을 어떻게 바라봐야 하는가?'라는 질문에 대해 이론적으로 접근해 보았다. 특히, '전쟁' 관련 동·서양의 대표적 군사사상가인 손자와 클라우제비츠가 저술한 『손자병법』과 『전쟁론』에서 전쟁의 본질에 대해 어떻게 기술하고 있는지에 대해 살펴보았다. 그리고 해당 저서에서 주장하고 있는 '전쟁의 본질'에 대해 생각해 보는 기회를 제공코자 했다.

이와 함께 전쟁을 국제정치이론 중 주류관점인 '현실주의'와 '자유주의'이론을 적용해서 고찰해 봄으로써 전쟁에 대한 일반론적 시각에서 접근해 보았다.

제3장 전쟁영화 '드론전쟁 : 굿킬'과 미래전쟁에서는 전쟁 패러다임의 변화를 선도해 가고 있는 드론(무인전투기)의 운용 모습 속에서 미래전쟁의 모습을 상상해 보았다. 그리고 미래전쟁의 패러다임 변화 모습을 예측해 보았으며, 이러한 변화를 선도하는 요인 중의 하나가 바로 과학기술이라는 점을 발견할 수 있었다. 그리고 과학기술을 적용한 국방로봇이 미국과 러시아의 외국군 전술제대에서 어떻게 활용되고 있는지를 살펴본 후, 미래 육군의 전술제대는 무엇을 준비해야 하는지에 대해 구체적인 대안을 제시하고 있다. 즉, 미래 육군의 전술제대에 유 · 무인 혼합 전투체계의 운용개념과 편성방안에 대해 제언하고 있다.

제4장 전쟁영화 '헌터킬러'와 합동 신속 대응부대에서는 가상상황을 배경으로 미국과 러시아의 일촉즉발 대립되는 과정을 영화한 것으로서, 국가적 위기를 타개하기 위한 지도자의 선택과 이를 구현하기 위한 지상군·해군·공군의 합동작전이 눈부신 활약을 펼치고 있는 내용을 담고 있다.

해당 영화는 국가적 위기를 타개하기 위해서는 특정 군 단독으로 임무를 담당할 수 있는 것이 아니라, 타 군과의 합동과 협력을 통해서 작전효과가 극대화될 수 있다는 교훈을 제공해 주고 있다. 이러한 교훈을 적용해서 한국군도 미래전쟁을 대비하기 위한 일환으로 '합동 신속 대응부대' 창설에 대해 깊이 생각해 볼 기회라 할 수 있으며, 만약 창설하게 된다면 어떠한 효과가 나타날지에 대해 제언하고 있다.

제5장 전쟁영화 '아이 인 더 스카이'와 군사혁신에서는 최근 새로운 전쟁양상으로 회자되고 있는 '제4세대 전쟁' 개념이 적용된 국제테러조직의 테러리스트를 제거하기 위해 드론(무인전투기)을 활용하는 모습을 구체적으로 묘사한 영화다. 해당 영화에서는 테러리스트를 제거하기 위해 영국-미국-케냐 3국이 연합 및 합동작전을 시행하는 모습을 보여주고 있다. 주지하다시피, 미래전쟁은 다양한 전쟁양상에 민첩하게 적응해야 하는데, 이에 부응하듯 군사혁신의 구성요소인 '전략/교리', '군사기술', '조직/편성' 측면에서 변화된 군사 분야를 실제에 적용한 모습을 엿볼 수 있다. ·

이처럼 21세기 어떠한 모습으로 다가올지도 모르는 미래전쟁에서는 '제4세대 전쟁' 개념을 이용한 다양한 국가나 단체, 조직들에 의한 위협이 증가될 것으로 군사전문가들은 예측하고 있다. 이러한 움직임에 효과적으로 대응하고 조치할 수 있도록 군사 분야의 발전적 변화를 지칭하는 '군사혁신'을 지속 추구해 나가야 한다는 점을 강조하고 있다.

무엇보다도 미국을 포함한 선진 국가들에서 적용하고 있는 '군사혁신'의 구성요소인 '전략/교리', '군사기술', '조직/편성' 중 군사기술 측면을 중심으로 합동기능별(전장인식, 지휘통제, 전력운용, 방호, 지속지원) 발전방안을 제언하고 있다.

제6장 우리의 선택은?에서는 이 책을 관통하고 있는 핵심질문인 '전쟁이란 무엇이고, 어떻게 바라보고 이해해야 할까?', '우리는 무엇을 준비해야 하나?'에 대한 시사점 두 가지를 제언하고 있다.

첫째, '전쟁의 본질'에 대한 지속적인 탐구 필요성을 언급했다.

주지하다시피, 전쟁의 본질은 시간과 공간을 초월해서 인류의 역사에 많은 영향을 미치고 있기에 이에 대한 고민과 준비는 필요하다는 점을 제언하고 있다.

둘째, '군사혁신'의 필요성에 대해 언급했다. 미국을 비롯한 선진국가들의 군사혁신이 국가의 존망과 번영에 직접적인 요소로서 작용하고 있음을 역사적 사례가 증명하고 있다. 이러한 역사적 사례를 잊지 말고 미리 생각하고 준비하는 것만이 과거의 어려움을 되풀이 하지 않는 최선의 길이라는 점을 제언하고 있다.

이 책을 마무리 하면서 '미래전쟁', '합동성' 그리고 '군사혁신' 세 단어가 필자의 머릿속을 지배했다. 그리고 또 한 가지 머릿속을 지배하고 있는 글귀가 있었는데, 미국의 시인 로버트 프로스트(Robert Frost)의 '가지 않은 길'이라는 시에서 나오는 내용이다. "(중략) 나는 사람들이 적게 간 길을 택했다고 그리고 그것이 내 모든 것을 바꾸어 놓았다고"이 글귀처럼 묵묵히 남은 여정을 거닐고자 한다. 늘 그렇듯이.

이 책이 출간되기까지 많은 분들의 적극적인 도움이 있었다. 먼저는 '미래전쟁'이라는 주제와 깊은 인연을 맺을 수 있게 해 준 육군미래혁신연구센터 센터장님을 비롯한 함께 했던 과장님들과 동료분들께 감사를 드린다. 또한, 책을 집필하는 동안 여러 어려움과 장애물에 봉착했을 때마다 지혜롭게 극복할 수 있도록 정신적 지주 역할을 해 주신 안경일 교수님, 항상 믿고 맡겨주시며 칭찬을 아끼지 않으셨던 큰 형님 같던 송경재 교수님, 묵묵히 지켜봐 주시며 배려해 주셨던 민병후 교수님, 연구함에 있어 지적 도전자이며 촉진자 역할을 마다하지 않으며, 많은 조언을 해 주신 허지용 교수님께 깊은 감사를 드린다.

그리고 육군3사관학교 정치외교학과 교수님들과 교수부 동료 교수님, '국가안보'에 대해 함께 공부하고 있는 '미래의 주역'인 생도들, 많은 도움을 주시고 계시는 도서관 동료분들께도 감사드린다.

마지막으로 교수라는 직분에 최선을 다할 수 있도록 배려해 주시고 격려해주신 육군3사관학교 전(前) 학교장 여운태 장군님과 현(現) 학교장 장광선 장군님, 교수부장 신상범 장군님께 깊은 감사를 드린다.

2021년 10월 국군의 달

충성대에서 저자 드림

1장

왜 미래전쟁인가?

제1절 미래전쟁, 어떻게 다가올 것인가?

제2절 우리는 무엇을 준비해야 하나?

1절 미래전쟁, 어떻게 다가올 것인가?

과거로부터 현재까지 다양한 양식의 전쟁 모습은 과학기술의 발전과 깊이 연관되어 있다. 특히, 18세기 말 증기기관이 출현하면서 영국의 산업 생산력이 증진되었고, 이러한 가운데 여기저기서 공장이 설립되었다. 이후 서유럽에서는 대량생산 방식이 가내수공업 방식을 대체하기 시작하던 무렵, 전쟁의 양상도 진화하기 시작했다.[2]

미래 예측분야에서 저명한 학자인 앨빈 토플러(Alvin Toffler)는 1993년에 출간한 『전쟁 반전쟁』에서 "세계는 작은 전쟁들의 끊임없는 발발을 어떻게 다루어야 할까? 우주는 누가 지배하게 될까?

우리는 가상현실, 인공지능, 자율적인 무기에 일단 프로그램밍이 되면 언제 누구를 공격할지 스스로 판단하고 실행하는 무기들로 가득한 유혈이 낭자한 전쟁을 예방하거나 억제할 수 있을까? 세계는 무혈전쟁을 실현시킬 전혀 새로운 종류의 무기들을 금지해야 할까, 수용해야 할까?"[3] 라는 질문을 던지며 앞으로 펼쳐질 '미래전쟁'에 대한 화두를 제시했다. 그리고 30여년의 시간이 흘렀다.

앞으로 펼쳐질 미래전쟁은 어떠한 모습일까? 그리고 우리는 왜 미래전쟁에 대해 고민해야 하는가? 이에 대한 대답 중의 하나가 러시아의 혁명가였던 레온 트로츠키(Leon Trotsky)의 명언인 "당신은 전쟁에 관심이 없을지 모르나 전쟁은 당신에게 관심이 있다."[4]가 하

2) 앨빈 토플러, 하이디 토플러 지음, 『전쟁 반전쟁(War and Anti-War』, 김원호 옮김, 청림출판(2011), p.61.
3) 『상게서』, p.145.
4) 『상게서』, p.420.

나의 대답이 될 수 있지 않을까 생각한다.

미래전쟁을 예측하는 군사 관련 전문가들은 걸프전 및 이라크전 등 1990년대 이후 나타난 여러 전쟁에서 과학기술의 변화 모습을 보면서 미래전쟁에 대한 다양한 전망과 분석을 내놓았으며, 관련된 다양한 논의가 자연스럽게 확대해 나가는 장(場)이 조성되었다. 그렇다면 미래전쟁을 구분하는 기준은 무엇인가? 현재 학계 및 전문가 집단에서는 어떻게 전쟁의 세대를 구분하고 있을까?

전쟁의 세대 개념을 처음으로 제시한 사람은 미국의 군사평론가 윌리엄 린드(William S. Lind)이다. 린드는 과학기술의 변화를 적용한 새로운 무기체계의 등장과 전략개념의 변화 등을 기준으로 전쟁이 제1, 2, 3세대를 지나서 비국가 행위자 전쟁의 주체로 등장한 제4세대 전쟁으로 발전해 나갔다고 주장했다.

린드는 제1세대 전쟁을 17세기 초에 신교와 구교간 갈등으로 촉발된 30년 전쟁으로부터 19세기 초 나폴레옹 전쟁까지로 분류했으며, 제2세대 전쟁을 나폴레옹 전쟁 이후부터 20세기 초 1차 세계대전까지 분류했다. 이어서 제3세대 전쟁은 1939년 독일이 폴란드를 침공하면서 시작된 2차 세계대전부터 1990년에 수행된 걸프전쟁까지 구분했다. 그리고 최근 회자되고 있는 용어인 제4세대 전쟁은 중국의 마오쩌둥 전술 이후 비정규전으로 분류했다.[5] 이를 정리한 내용은 <표 1-1> 아래와 같다.

5) 이수진·박민형, “제5세대 전쟁 : 개념과 한국 안보에 대한 함의”, 『한국군사』 제2호, (2017), p.4.

〈표 1-1〉 전쟁세대 구분[6]

구 분	제1세대	제2세대	제3세대	제4세대
시 기	베스트팔렌 조약 이후	나폴레옹 이후	1차 세계대전 이후	인민전쟁 이후
전쟁주체	국가 대 국가		국가 대 비국가	
주요 전쟁요소	인력	화력	기동	비대칭
전쟁목적	적 군사력 파괴		정치적 의지 파괴	
특 징	근대국가의 등장과 무력의 독점	국민군대의 등장과 소모전	대규모 기동력 중심의 총력전	소규모, 분권적 조직의 분란전, 저강도 분쟁

위의 〈표 1-1〉에서 보는 바와 같이 전쟁의 양상은 전쟁주체 측면에서 제3세대 전쟁 이후 비국가 행위자의 등장과 주요 전쟁요소 측면에서 화력, 기동, 그리고 비대칭적 요소인 핵과 미사일을 비롯한 새로운 무기체계의 등장이 전쟁을 규정하는 요소로서 작용했다. 무엇보다도 제4세대 전쟁 등장 이후 분란전과 저강도 분쟁 양상이 나타나는 모습을 보이고 있다.

그렇다면 이후 미래전쟁의 모습은 어떻게 변화해 나갈 것이며, 우리는 무엇을 준비해야 하는가? 해당 질문에 대한 대답을 찾고자 과거전쟁과 현재전쟁 그리고 미래전쟁의 특징을 고찰한 후 준비방향에 대한 여러 대안을 모색해 보았다.

미래전쟁의 준비 방향에 대한 대안을 모색해 보기 위해 최근 치러진 아프가니스탄 전쟁, 미국과 러시아의 가상전쟁 그리고 테러와의 전쟁을 배경으로 한 전쟁영화에 대입하여 설명코자 했다.

6) 박민형, “전쟁 패러다임의 진화와 용병과 양병의 새로운 이중주”, 『한국방위산업학회보』 제20권 제2호, (2013), p.97.

2절 우리는 무엇을 준비해야 하나?

2016년 스위스 다보스 포럼에서 세계경제포럼 회장인 클라우드 슈밥(Klaus Schwab)이 주장한 이후 전 세계적으로 핵심 화두로 등장한 '4차 산업혁명'은 사회 구조, 생활양식 더 나아가 전쟁양상에도 지대한 영향을 미칠 것으로 보인다. 특히, 4차 산업혁명의 핵심 키워드인 '초연결성', '초지능화'는 국가와 국가, 국가와 개인, 개인과 개인 간의 관계를 새롭게 규정해 가고 있으며, 이러한 변화 속에서 미래전쟁은 어느 누구도 쉽게 예측할 수 없는 양상으로 전개될 것으로 예상하고 있다.

이런 변화하는 환경 속에서 국가안보를 달성하기 위한 국군의 역할과 육군의 역할은 무엇일까? 해당 질문의 대답은 대한민국 헌법(제5조 제2항)에 명확히 적시되어 있다. "국군은 국가의 안전보장과 국토방위의 신성한 의무를 수행함을 사명으로 하며"라고 명시되어 있다.

이러한 국군의 역할을 수행할 핵심 구성군인 육군은 국가안보와 국토방위의 신성한 의무를 수행할 만반의 준비를 해야 하는 사명을 깊이 인식하고 있다. 특히, 과거 전쟁의 역사를 살펴보았을 때 과학기술의 진보와 이를 어떻게 활용했는지 여부에 따라 전쟁의 양식을 규정했으며, 승패를 결정지었다. 그렇다면 4차 산업혁명을 이끌고 있는 AI(인공지능, Artificial Intelligence), 로봇 과학기술의 진보가 미래전쟁에 어떻게 투영되어 다가올 것인가? 그리고 미래전쟁의 행위자, 영역, 수단, 양상을 어떻게 변화시킬까? 그렇다면 우리는 무엇을 준비해야 하나?[7] 라는 질문은 국가안보를 달성해 나가는 과정에서 반드시 짚고 넘어가야 할 것들이라 생각한다.

해당 물음은 21세기 한반도가 항구적인 평화를 구축해 나가는 과정에서 반드시 만날 수 밖에 없는 주제로 이에 대한 치열한 고민은 분명 의미가 있는 시도라 할 수 있다. 왜냐하면 우리는 한반도 문제의 직접적인 당사자로서 한반도의 평화와 번영이 국가안보와 직접 맞닿아 있는 핵심 사항이기 때문이다. 특히, 전환기적 안보상황에 대비하여 확고한 국방태세를 유지하고 굳건한 한미동맹 기반으로 국방역량을 강화하는데 여러 시사점을 제공해 주는 물음이기도 하다.

뿐만 아니라 한국의 국방목표인 '외부의 군사적 위협과 침략으로부터 국가를 보위하고, 평화통일을 뒷받침하며, 지역의 안정과 세계평화에 기여'에 이바지 하는데 실질적인 역량을 도출하는 기회의 창을 제공한다고 생각한다. 무엇보다도 한반도의 평화와 안정에 대한 위협이라 할 수 있는 북한의 대량살상무기와 테러·사이버공격과 지진, 해일을 포함한 대규모 재난 등 전통적 위협을 비롯한 초국가적·비군사적 위협에 대한 대응 능력을 확충해 나가기 위한 밑거름이 될 것이다.

위에서 언급된 다양한 대·내외적 군사적·비군사적 위협에 대해 여러 시나리오를 상정해서 준비사항을 도출하기 위한 활동은 대한민국의 영토와 주권을 수호하고 국민의 안전과 생명을 보호하는 숭고한 의무라 할 수 있으며,[8] 분명 국가안보에 기여함과 함께 국가번영에도 자양분의 역할을 할 것이다.

7) 육군미래혁신연구센터, 『육군비전 2050』, 국군인쇄창(2020), pp.54~55.
8) 국방부, 『국방백서 2020』, 국군인쇄창(2020), pp.34~41.

2 장

전쟁과 국제정치이론

1절 전쟁이란 무엇인가?

1) 전쟁의 본질

전쟁이란 무엇인가? 인류의 역사를 이해하기 위해서는 전쟁의 역사를 이해해야 한다. 왜냐하면 인류의 역사를 추적해 보면 그 안에 많은 전쟁의 경험들과 깊은 연관성을 지니고 있음을 발견할 수 있기 때문이다. 인류는 전쟁의 경험을 통해 많은 퇴보와 발전을 경험하고 있다. 또한, 전쟁은 과거의 문명을 보내고 새로운 문명을 맞이하는 결정적인 요소로 작용하고 있다.

고대 '철학의 아버지'라 칭하는 소크라테스(Socrates, B.C 470~B.C 399)는 그 당시 참가한 여러 전투현장에서 전쟁의 참혹성을 보고 인간 존재에 대한 근본적 질문을 갖게 되었다. 그리고 그에 대한 답을 찾아가는 과정 속에서 철학이라는 학문의 토대를 닦는 기초를 마련했다. 그리고 철학이라는 학문을 통해 여러 분파의 학문들이 파생되어 인류 발전의 중요한 토대를 마련했다.

이처럼 전쟁은 인류의 퇴보와 발전에 큰 영향을 미치며 인류와 함께 진화하고 있다. 그렇기에 우리는 전쟁의 본질에 대한 탐구를 게을리 해서는 안될 것이며, 전쟁이 인류에게 주는 의미를 고찰하면서 무엇을 어떻게 해 나가가야 될지에 대해 깊이 숙고해야 할 것이다.

여러분들은 전쟁과 관련한 동·서양의 대표적 사상가가 누가 생각나는지 묻는다면 누가 가장 먼저 생각날까요? 많은 사람들이 동양에서는 손자(孫子, B.C 545~B.C 470), 서양에서는 클라우제비츠(Car won Clausewitz. A.D 1780~1831)가 아마 떠오르지 않을까 생각한다.

두 군사사상가는 '전쟁의 본질'에 대한 심오한 통찰력을 제시하여 불멸의 고전 반열에 오른 『손자병법』, 『전쟁론』이라는 저서를 대중에 선보였다.

〈그림 2-1〉 손자(좌), 클라우제비츠(우) 사진

해당 저서는 지금도 많은 독자들에게 읽혀지고 있으며, 전쟁이라는 현상을 총체적 그리고 입체적으로 이해하는데 있어 중심적인 역할을 담당하고 있다. 그렇다면 손자의 『손자병법』에서는 전쟁을 어떻게 정의하고 있을까. 해당 저서에서는 "전쟁은 국가의 중대사이다. 그것은 국민의 생사가 달려 있는 곳이며 국가의 존망이 결정되는 길이니 깊이 고찰하지 않을 수 없다."[9]라고 정의하고 있다. 한편, 클라우제비츠의 『전쟁론』에서는 전쟁에 대해 "우리의 의지를 구현하기 위해 적을 강요하는 폭력 행동이다.", "전쟁은 다른 수단으로 정치를 계속하는 것에 지나지 않는다."[10]라고 정의하고 있다.

이러한 내용을 토대로 전쟁이란 무엇인지에 대해 정리해 보면,

9) 손자 지음, 『손자병법』, 김광수 역/해설, 책세상 (1999), p.18.
10) 카를 폰 클라우제비츠 지음, 『전쟁론』, 김만수 옮김, 갈무리(2016), pp.60~79.

전쟁이란 서로 대립하는 2개 이상의 국가 또는 이에 준하는 집단이 정치적 목적을 달성하기 위하여 군사력을 비롯한 모든 수단을 사용하여 자기의 의지를 상대방에게 강요하는 조직적인 폭력행위로 정의될 수 있다.

전쟁은 본질적으로 국가정책을 수행하는 정치적인 수단의 하나로서 반드시 정치적 목적을 가지며, 전쟁에 의하지 않고는 문제를 해결할 수 없을 경우에 최후의 수단으로 선택되곤 한다. 예를 들면, 침략자 입장에서의 정치적 목적은 전쟁을 결심하게 된 이유인 동시에 전쟁을 통하여 상대방에게 강요하고자 하는 정치적 의지라 할 수 있다. 반면, 피침략자 입장에서의 정치적 목적은 전쟁 초기에는 침략국의 정치적 목적을 거부하는 것이나, 전쟁이 진전됨에 따라 자의적인 정치적 목적을 가질 수도 있다.

그렇다면, 전쟁은 단지 군사 분야에 한정되어 수행하는 것일까? 꼭 그렇지는 않다. 전쟁의 수단에는 정치·외교, 경제·과학기술, 사회·문화 및 군사 분야의 모든 요소가 망라되며, 여기에는 반드시 조직화된 군사력이 포함된다.

전쟁은 선전포고에 의하여 시작되거나, 선전포고 없이 개시되기도 하며, 협정 또는 강화조약 등에 의하여 종결된다. 물론 모든 전쟁의 진행과정이 이러한 순서에 의해서 진행되는 것은 아니지만, 많은 전쟁의 역사를 살펴보았을 때 일정 부분 이런 흐름을 보여주기도 했다.[11]

11) 육군사관학교 군사학처, 『군사학 길라잡이』, 양서각(2004), p.120.

2) 전쟁의 속성

그렇다면 전쟁의 속성에는 어떠한 요소들이 작용을 하고 있을까? 클라우제비츠가 저술한 『전쟁론』에서는 '이성', '감성', '지적모험성'의 요소가 전쟁의 속성으로 작용하고 있다고 기술하고 있다. 세부적으로 각 요소들에 대해 살펴보면, '이성'이란 폭력을 본질로 하는 전쟁을 정치적 수단으로 안내하는 힘으로써, 전쟁의 불확실성이 작용하는 혼돈상태를 일정 부분 통제가능한 폭력상태로 이끈다. 그리고 '감성'은 전쟁에서의 폭력을 정당화 할 수 있는 힘으로서 전쟁을 정치적 수단으로부터 무질서, 파괴, 공포 등을 초래하는 폭력적인 수단으로 변질시키는 요인이라 할 수 있다. '지적 모험성'은 전쟁에서의 정치적 목적을 달성할 수 있는 기회를 포착할 수 있도록 유도하고, 이를 확대하여 전쟁의 수단과 폭력을 조직화 하는 힘이라 할 수 있다.

특히, '지적 모험성'은 감성의 산물인 미워하는 마음과 적에 대해 느끼는 분노를 폭력의 수단과 결합하여, 적에게 이성의 산물인 정치적 목적을 받아들이도록 강요한다.

이러한 전쟁의 속성을 국가에 대입시켜 보면, 국가는 전쟁을 수행함에 있어 리더십을 발휘하여 '감성'과 '지적 모험성'을 최대로 확대하는 동시에 '이성'으로 이를 적절히 통제할 수 있도록 균형을 유지하여야 한다. 왜냐하면 전쟁은 이러한 속성의 구성 비중에 따라 다양한 형태로 나타나기 때문이다.

이와 같은 전쟁의 속성에 대한 철학적 사유와 깊은 고민을 담은 내용을 기술하고 있는 클라우제비츠의 『전쟁론』에서는 다른 여러 전쟁 중에서도 나폴레옹 전쟁[12)]의 사례에 접목하여 전쟁의 속성에 대해 자세히 설명해주고 있다.

보다 주목할 부분은 전쟁의 속성에 대해 구체적인 사례에 대입한 클라우제비츠의 철학적 설명은 쉽게 이해하기에 어려울 수도 있지만, 한편으로는 시간과 공간을 초월해서 적용될 수 있는 마력을 지니고 있다는 평가를 받고 있다.[13)]

〈그림 2-2〉 나폴레옹 전쟁 시 프랑스군 베를린 점령 사진

한편, 국가의 존망에 큰 영향을 미칠 수 있는 전쟁에 있어 전쟁의 속성이 지배적인 역할을 하게 되는 이유는 『전쟁론』에서 전쟁의

12) 나폴레옹 전쟁(1803-1815)은 프랑스 제1제국 및 그 동맹국과 영국이 재정 및 군사적으로 주도하는 연합군 사이에서 벌어지는 일련의 전쟁으로 프랑스 혁명과 그 여파로 일어난 프랑스 혁명 전쟁 당시 해결되지 못한 문제들이 원인이 되어 발발했다.
https://ko.wikipedia.org/wiki/%EB%82% 98%ED%8F%B4%EB%A0%88%EC%98%B9_%EC%A0%84%EC%9F%81 (검색일: 2021년 7월 8일)

13) 카를 폰 클라우제비츠 지음, 『전게서』, 김만수 옮김, pp.103~126; 육군사관학교 군사학처, 『전게서』, 양서각(2004), p.121.

분위기를 이루는 네 가지의 영향 때문이라고 언급하고 있다. 첫째, 전쟁은 위험하고, 위험은 용기로 극복한다. 둘째, 전쟁은 육체적인 긴장과 고통이 따르는 영역이다. 이를 극복하려면 어느 정도의 체력과 정신력이 요구된다. 이것은 긴장과 고통에 무관심하게 만든다. 셋째, 전쟁은 불확실성의 영역이다. 전쟁 행동의 바탕에 있는 많은 것은 불확실성의 안개에 놓여 있다. 불확실성을 극복하려면 정교하고 날카로운 지성이 요구된다. 넷째, 전쟁은 우연이 지배하는 영역이다. 인간의 활동 중에 전쟁만큼 우연이 많이 개입하는 활동도 없다. 우연은 상황의 불확실성을 높인다.

이와 같은 전쟁이 가진 불확실성과 우연성의 개입 때문에 이를 극복할 수 있는 인간에게 요구되는 두 가지 특성이 필요하다. 하나는 '지성'이다. 이것은 어떠한 어둠 속에서도 인간의 정신을 진실로 이끄는 내면의 힘이라 할 수 있다. 다른 하나는 이 희미한 불빛을 따르는 '용기'이다. 전자는 통찰력으로, 후자는 결단력으로 승화되어 전쟁에서 나타난다.

앞에서 제시된 전쟁의 분위기를 이루는 네 가지 요소(위험, 육체적 고통, 불확실성, 우연) 속에서 확실하고 효과적으로 행동하려면 지성과 감성의 힘이 필요하다. 이 힘은 상황에 따라 여러 변화된 모습으로 나타난다.

이렇게 변화된 힘을 전쟁 역사가들은 '에네르기', '단호함', '완강함', '감성', '성격'이라고 지적했다. 그리고 이러한 다섯 가지의 힘이 조합되어 지속성을 지닌 힘이 창출된다고 언급했다. 특히, 이 힘을 통해 전쟁이 지닌 속성을 올바로 이해하도록 만들어주며, 그 상

황에 효과적인 방안을 마련하고 적용할 수 있는 힘을 제공한다.[14]

앞에서 언급했던 전쟁의 본질과 속성이 인류의 모든 전쟁을 명쾌하게 설명할 수 있는 잣대라 할 수는 없다. 그렇지만 전쟁 관련 동·서양을 대표하는 『손자병법』, 『전쟁론』에 기술되어 있는 내용은 과거전쟁, 현재전쟁 그리고 미래전쟁에 대해 깊이 이해할 수 있는 나침반 역할을 하고 있다고 생각한다.

2절 전쟁을 바라보는 두 가지 시각 : 국제정치이론으로서 현실주의와 자유주의

전쟁이란 문제를 국제정치의 맥락 속에서 이해하려면 먼저는 국가 간의 관계를 국제정치이론 측면에서 설명하는 현실주의와 자유주의 시각에 대한 충분한 이해가 선행되어야 한다.

왜냐하면 전쟁이 추구하고자 하는 궁극적인 목표가 바로 정치적 목적으로서 안보[15]를 달성하는 것이고, 안보를 달성코자 하는 국가 또는 이에 준하는 집단들이 안전을 보장하는 문제가 바로 안보 개념의 요체라 할 수 있기 때문이다.

여기서 안보를 확보하고자 하는 주체는 국가이며, 국제정치에서 주권국가들 간의 질서가 정착되기 시작한 1648년 베스트팔렌 국가체제[16] 이후의 시대가 국가 중심의 시대이며, 안보의 시대라 할 수

14) 김만수, 『전쟁론 강의』, 갈무리(2016), pp.42~49.
15) 안보(Security)란 해악으로부터 자유롭게 되고 위협을 없애는 것이다. 안보는 '국가적', '국제적', '지구적' 또는 '인간의' 차원에서 이해된다. 앤드류 헤이우드 지음, 『국제관계와 세계정치』, 김계동 옮김, 명인문화사(2013), p.7.

있다. 물론 국가의 시대가 아니면 안보문제가 없다는 뜻은 아니다. 국가가 등장하기 전에도 인류역사는 전쟁이 벌어졌으며, 앞으로 설령 국가가 사라진다고 해도 안보의 문제가 해소되리라는 보장은 없다고 할 수 있다.

예컨대, 이스라엘과 팔레스타인 분쟁에서 보는 바와 같이 전쟁이라는 현상이 공식적으로 2012년 유엔에서 팔레스타인이 공인된 국가의 지위를 갖기 전 이스라엘이라는 국가와 팔레스타인이라는 단체와의 교전은 국가와 국가 간의 전쟁이 아닌 국가와 단체 간의 전쟁을 설명하는 사례라 할 수 있다.

한편, 국가와 국가, 국가와 단체 간 안보문제가 국가 및 단체의 생존에 중추를 차지할 때 국제정치를 움직이는 추동력은 무기체계와 군사전략의 발달에 기인한다. 왜냐하면 다른 나라에 비해 강력한 무기와 효과적인 군사전략을 확보하는 것이 보다 확실한 국가안보 달성의 지름길을 보장했기 때문이다.[17]

특히, 주어진 군사력을 어떻게 사용하여 전투의 효과를 극대화할 것인가의 군사전략에 대한 고민의 산물들은 과거 '전쟁의 시대'에

16) 통상적으로 베스트팔렌 평화조약(Peace of Westphalia, 1648)이 근대 국제정치의 시작점이라는 평을 받고 있다. 이 평화조약은 선언된 또는 선언되지 않은 전쟁들을 포함하는 30년 전쟁(Thirty Years War, 1618-1648)을 종식시키기 위한 일련의 조약들 중에 하나이다. 30년 전쟁은 중부유럽에서 일어난 전쟁으로, 신성로마제국과 다양한 적대국들 간의 전쟁이었는데, 거기에는 덴마크, 네덜란드, 그리고 무엇보다도 프랑스와 스웨덴이 포함되었다. 비록 오랜 기간에 걸쳐 변천이 이루어졌지만, 이 조약들은 권위, 충성, 정체성이 중첩되는 중세 유럽을 현대 국가체제로 전환시키는데 기여하였다. 『상게서』, p.5.

17) 김태효, "군사안보외교", 『현대외교정책론』, 김계동 외 지음, 명인문화사(2016), pp.117~118.

돋보적인 위치를 차지했다.

돌이켜 보면, 전쟁을 국제정치의 맥락 속에서 이해하게 되는 계기가 있었다. 그건 바로 20세기 두 차례의 세계대전을 통해 인류에게 크나큰 상처를 준 사건이라 할 수 있다. 양차 세계대전의 영향으로 인해 전쟁을 해석하고 이해하는 대표적인 국제정치 이론들이 각광을 받기 시작했다. 그리고 이러한 이론들은 전쟁을 어떻게 이해하고 바라보아야 하는지에 대한 지침을 제공하는 역할을 담당했다. 왜냐하면 이론은 어떤 사실이 중요하고 어떤 사실은 그렇지 않은지를 우리가 결정할 수 있게 만들어 주는 일종의 단순화 장치의 역할을 하기 때문이다.[18]

먼저는 전쟁을 어떠한 시각에서 바라보고 설명하는지를 알기 위한 국제정치를 바라보는 대표적인 관점은 현실주의와 자유주의라 할 수 있다. 해당 이론들에 대한 이해를 돕기 위해 사상적 전통의 흐름에 대해 간략히 살펴보고자 한다.

18) 퍼트리샤 오언스·존 베일리스·스티브 스미스, "서론: 국제정치에서 세계정치로", 『세계정치론』, 하영선·이정환 옮김, 을유문화사(2019), p.17.

〈표 2-1〉 현실주의의 사상적 전통[19]

사상가	주요 저작	핵심 내용
투키디데스	『펠로폰네소스 전쟁사』	국제정치는 인간 본성에 기초를 두고 있는 권력을 향한 끊임없는 투쟁에 의해 움직인다. 정의 법 그리고 사회는 그 역할이 없거나 제한적이다.
마키아벨리	『군주론』	정치현실주의는 원칙이 정책의 하위에 위치함을 인정한다. 국가 지도자의 궁극적인 기술은 세계정치에서의 변화하는 권력 구도를 받아들이고 그에 적응하는 것이다.
홉스	『리바이어던』	인간 존재는 권력에 대한 열망을 지니고 있다. 자연 상태에서의 삶은 세계정치의 조건과 유사하며, 공포와 폭력적 죽음에 대한 우려로 가득하다.
루소	『전쟁상태』	공포, 질시, 의심, 그리고 불안을 야기하는 요인은 인간 본성이 아니라 무정부적인 체제이다.

19) 팀 던·브라이언 슈미트, 『현실주의』, 신욱희 옮김 ; 존 베일리스·스티브 스미스·퍼트리샤 오언스 편저, 『세계정치론』, 하영선 외 옮김, 을유문화사(2019), p.143.

〈표 2-2〉 자유주의와 전쟁의 원인, 평화의 요인[20]

자유주의의 이미지들	대표 인물 (시기)	전쟁의 원인	평화의 요인
첫번째 이미지 : 인간 본성	리처드 콥든 (19세기 중반)	자연적 질서를 흐트러뜨리는 국내외적인 정부 개입	개인의 자유, 자유무역, 번영, 상호의존
두번째 이미지 : 국가	우드로 윌슨 (20세기 초반)	국제정치의 비민주적 본질, 특히 대외정책과 세력균형	민족자결, 여론에 반응하는 개방정부, 집단안보
세번째 이미지 : 체제의 구조	J.A. 홉슨 (20세기 초반)	세력균형 체제	결정을 중재하고 강제하는 권력을 지닌 세계정부

이처럼 각 시각들은 전쟁의 원인에 대해 일정한 설명력을 제공해 주고 있는데, 핵심 명제를 통해 좀더 구체적으로 살펴보고자 한다.

먼저, 현실주의 시각은 국가들끼리 힘의 분포 상태에 주목하며, 각 국가들의 생존(生存)과 자조(自助)를 달성하는 과정 속에서 전쟁을 이해하려고 하고 있다. 반면에 자유주의 시각은 국가 간의 협력과 국제레짐의 역할에 주목하며, 국가 간의 협력을 달성하는 과정 속에서 전쟁을 이해한다.

좀 더 구체적으로 현실주의 시각에서 전쟁의 원인을 들여다 보면, 국가들 사이의 힘의 분포가 균형상태를 이룰 때 전쟁 없는 '평화의 상태'가 주어질 가능성이 크다고 보며, 이때의 평화를 소극적

20) 팀 던, 『자유주의』, 김상배 옮김 ; 존 베일리스·스티브 스미스·퍼트리샤 오언스 편저, 『세계정치론』, 하영선 외 옮김, 을유문화사(2019), p.165.

이고 한시적인 평화라고 지적하고 있다. 특히, 현실주의자들에게 있어서 전쟁은 국제관계와 세계정치에 있어서 영속적인 특징이다. 전쟁의 가능성은 힘의 정치의 피할 수 없는 역동성으로부터 발생한다. 국가들은 국가이익을 추구하기 때문에 그들은 불가피하게 서로 충돌하게 되어 있다. 그리고 그 충돌은 때때로 군사적인 차원에서 이루어진다고 주장하고 있다.

반면에 자유주의 시각에서 전쟁의 원인을 들여다 보면, 제국주의(Imperialism)에 있다고 보고 있으며, 힘의 분포의 실패 또는 비민주적 레짐의 문제에 있다고 지적하고 있다. 특히, 자유주의 시각은 현실주의와는 달리 '질서', '자유', '정의', '관용'의 가치를 국가 간의 관계에 투사하는 시각을 지니고 있다.

자유주의자들은 평화가 당연한 것이지만, 국제관계에서 필수적인 조건은 아니라고 한다. 자유주의자들의 시각에 따르면, 전쟁은 세 가지의 상황에서 발생하는데, 이들 각각은 피할 수 있다고 한다. 첫째, 자유주의자들은 무정부적 상태에서의 국가 이기주의는 충돌과 전쟁의 가능성을 야기한다는 현실주의의 분석을 수용한다. 그러나 자유주의자들은 국제적 무정부상태는 국제법의 지배에 의하여 대치되고 초국가기구를 수립하여 달성해야 한다고 믿는다. 둘째, 자유주의자들은 전쟁이 가끔 경제적 민족주의와 연결되어 있고, 경제적 자립의 추구는 국가들이 서로 폭력적인 충돌을 하게 만든다고 주장한다. 셋째, 국가가 전쟁 또는 평화의 성향을 가졌는가는 헌정(憲政)의 성격에 따라 다르다. 예컨대, 권위주의 국가들은 국내외적인 목표를 달성하기 위하여 힘을 사용하는데 습관이 되어 있으며, 군사주의적이고 팽창주의적인 성향을 보인다. 그러나 민주주의 국가들은 적어도 다른 민주주의 국가들과의 관계에 있어서는 보다 평화적이라고 주장하고 있다.21)

과거 유럽에서 국민국가 건설부터 현재에 이르기까지, '군대'와 '전쟁'은 국제정치의 중심이었다. 군사력은 어떤 형태의 정치가 가능할지에 영향을 미쳤으며, 전쟁은 어떤 권력과 이데올로기가 지배할 것인지를 결정했다. 전쟁과 군대는 국민국가와 국가-국제세계와 친밀한 관계와 긴장관계를 모두 형성한다. 그들은 또한 지구적 차원을 가지고 있다. 전쟁은 다국적 동맹을 필요로 하기도 한다. 서구 국가들은 또한 세계 제국이었다. 유럽에서, 또는 소련과 미국 사이에서 일어났던 일은 비서구 세계에 영향을 미치고 있었다.

이런 연유로 전쟁은 국제정치에서 예측할 수 없고 창조적이며 폭력적인 힘으로 남아 있다. 폭력을 조직하고 전쟁을 일으키는 새로운 방법은 진화하고 있다. 전쟁과 사회에 관한 국가-국제차원이나 지구적 차원 모두 조만간 사라질 것 같지는 않다고 전문가들은 예측하고 있다. 미래에 이러한 차원이 계속해서 어떻게 어떤 면에서 교차하는지에 많은 부분이 결정될 것이라고 주장하고 있다.22)

21) 앤드류 헤이우드 지음, 『전게서』, 김계동 옮김, p.253 ; 김태효, "군사안보외교", 『제3판 현대외교정책론』, 김계동 외 지음, 명인문화사(2016), pp.126~135 ; 팀 던·브라이언 슈미트, "현실주의", 신욱희 옮김, ; 존 베일리스·스티브 스미스·퍼트리샤 오언스 편저, 『세계정치론』, 하영선 외 옮김, 을유문화사(2019), pp.142~158 ; 팀 던, "자유주의", 김상배 옮김 ; 존 베일리스·스티브 스미스·퍼트리샤 오언스 편저, 『세계정치론』, 하영선 외 옮김, 을유문화사(2019), pp.164~177.

22) 타라크 바르카위, "전쟁과 세계정치", 황지환 옮김 ; 존 베일리스·스티브 스미스·퍼트리샤 오언스 편저, 『세계정치론』, 하영선 외 옮김, 을유문화사(2019),

과거의 역사와 현재의 국가 간의 관계를 살펴보면, 안보 문제만큼이나 경쟁과 협력의 상반된 모순관계를 투영하고 있는 영역도 많지 않을 것이다. 과거 1차 세계대전의 전후 처리를 위한 평화협정으로 일컫는 베르사유(Versailles) 조약이 1919년 6월 체결되었다. 그런데 해당 조약은 패자에 대한 '푸대접'으로 받아들여졌고, 패자의 입장에서는 세월이 지나면서 적대적이고 공격적인 외교정책을 조장하는데 기여하는 역설적인 상황이 조성되었다.[23)]

이처럼 어떤 특정시기에 안보가 확보된 상태에서는 당연한 것 같아도 일단 위협이 가시화 되고, 취약성이 노출되는 상황이 발생하게 되면 국가생존에 결정적인 영향을 미치는 것이 바로 국가안보라 할 수 있다.

양차 대전을 거쳐 냉전의 종식 그리고 탈냉전의 시대에서 국제사회의 규범이 진화했다고 해도 분쟁의 양식이 바뀌었을 뿐 분쟁을 잉태하는 국제질서의 본질은 크게 변화하지 않았다. 강대국 간의 전쟁 가능성은 줄었을지라도 분쟁양태는 더욱 복잡해졌다. 21세기에 들어 각 지역 차원의 분쟁과 갈등은 오히려 증가하고 있다.

여러 부정적인 시각이 존재하고 있음에도 불구하고, 한 가지 기대할 수 있는 것은 국제평화를 증진시키는 열쇠로써 '인권', '민주주의', '개방경제' 등의 가치규범에 대한 공감대가 꾸준히 확산되고 있다는 점이다. 힘에 의한 통제와 자발적 동의에 의한 합의가 맞물려 보다 나은 지구적 차원의 안보 질서를 가꾸어 가는 과제가 인류

pp.323~324.

23) 앤드류 헤이우드 지음, 『전게서』, 김계동 옮김, p.64.

와 한국에게 주어져 있음을 깊이 인식해야 할 것이다.[24]

그리고 과거 지구적 차원에서 전쟁의 미래를 통제할 수 있을 것이라고 주장한 헤럴드 게츠코(Harold Guetzkow)의 내용은 깊이 숙고해볼 가치가 있다.

"세계 평화를 이루는 가장 확실하고 빠른 방법은 간접적인 것, 즉 국제관계 기본 이론을 여러 해에 걸쳐 참을성 있게 구축하는 것이다. 이 이론에서 전쟁을 끝내고 국제관계를 인도할 여태껏 생각해보지 못한 새로운 해법들이 나올 수 있다."[25]

국가 간의 관계를 설명하는 이론인 국제정치이론을 통해 전쟁이라는 현상을 살펴보았다. 이론의 역할은 현상을 해석하고 미래를 예측하여 미리 준비할 수 있게 해 주는 것이다. 전술한 바와 같이 전쟁이라는 현상을 국제정치이론을 통해 들여다 보았을 때, 앞으로 우리는 무엇을 어떻게 해야 할지에 대한 어렴풋한 단서를 찾을 수 있었을 것이다.

즉, 국제정치이론은 전쟁을 어떻게 바라봐야 되고, 이를 예방하기 위해서는 어떻게 해야 하며, 만약에 전쟁이 일어나게 되면 무엇을 어떻게 해야 하는지에 대해 나침반 역할을 할 것이다.

24) 김태효, "군사안보외교", 『제3판 현대외교정책론』, 김계동 외 지음, 명인문화사(2016), p.137.
25) 로렌스 프리드먼 지음, 『전쟁의 미래』, 조행복 옮김, 비즈니스북스(2020), p.193.

3 장[26)]

전쟁영화 '드론전쟁 : 굿킬' 과 미래전쟁

제1절 영화정보

제2절 전쟁 패러다임의 변화와 미래전쟁

제3절 외국군 전술제대 유·무인전투체계 혼합 개념 적용사례 및 한국군 고려사항

제4절 우리는 무엇을 준비해야 하나? : 미래 유·무인 혼합 보병대대 운용개념과 편성방안

26) 이 장은 2020년 문장권의 『미래 유·무인 혼합 보병대대 운용개념과 편성 방안 연구』 보고서를 토대로 내용을 수정·보완한 것임을 밝힙니다.

1절 영화정보

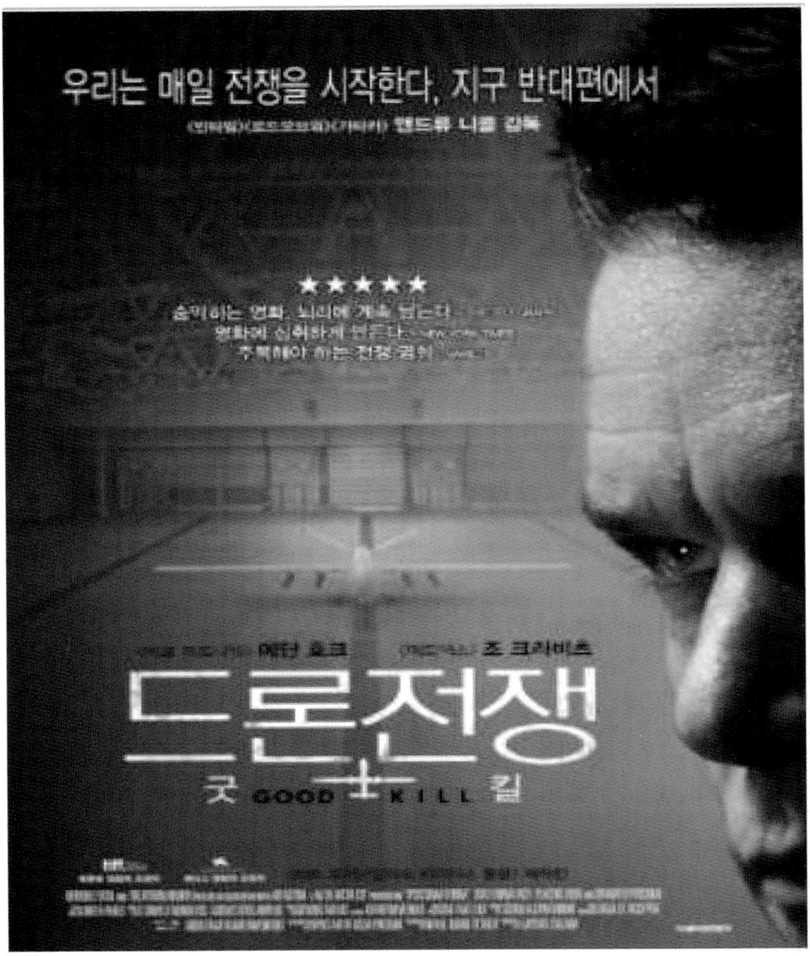

1) 영화의 배경

가) 아프가니스탄 전쟁의 발발과 배경

2001년 아프간전은 9·11테러에 대한 미국을 위시한 국제사회의 응징의 성격으로 발발하게 됐다. 당시 아프가니스탄에는 9·11테러리스트의 배후세력인 오사마 빈 라덴(Osama Bin Laden, 1957~2011)과 탈레반이 거점을 두고 그 세를 팽창하고 있었다.

미국은 아프간전에서 첨단 전력을 절묘하게 활용하는 새로운 전법을 선 보였다. 첨단 네트워크전과 특수전 등 다양한 수단을 통합하여 탈레반을 성공적으로 무력화하는 모습을 보였다. 그 당시 적지 않은 군사 전문가들은 미국이 구(舊)소련의 전철을 밟아 아프간전에서 실패할 것을 우려했다. 그러나 미국은 21세기 첨단 군사기술과 19세기 보병전술을 효과적으로 결합함으로써 이러한 우려를 불식시켰다. 정보우세·정밀교전·네트워크전력이 산악전에서도 효과적임을 입증했다.

특히, 적지 깊숙이 특수전 부대를 투입하여 항공정밀 폭격을 유도하는 전법을 매우 유효하게 활용하였다. 과거에 비해 공습 명중률이 걸프전에서는 10% 수준에 머물러 있었는데, 아프간전에서는 무려 70%로 비약적으로 증대되었다.[27] 이처럼 초기에 미국은 아프가니스탄에서 탈레반에 대한 효과적인 통합작전으로 일정 부분 성과를 거두며, 전쟁을 주도해 나아갔다.

27) 권태영·노훈, 『21세기 군사혁신과 미래전: 이론과 실상, 그리고 우리의 선택』, 법문사(2008), pp.111~112.

나) 아프가니스탄 전쟁의 전개과정과 특성, 그리고 미래전쟁

미국의 아프간전은 4단계로 수행되었다.

① 여건조성단계, ② 항공전력과 특수부대 지원하 북부 동맹군의 공세작전 단계, ③ 해병대 직접투입 및 탈레반군의 저항기지 탈환을 위한 결정적 작전 단계, ④ 알카에다 잔당 소탕 및 빈 라덴 체포, 그리고 과도정부 수립 및 정착을 지원하기 위한 안정화 작전 단계로 수행되었다.

미군의 직접적인 주요 지상작전은 ① 칸다하르 작전, ② 토라보라 작전, ③ 아나콘다 작전으로 이루어졌다. 칸다하르 작전은 파키스탄, 오만, 항모 키티호크 등으로부터의 원거리 항공기동작전에 의해 특수부대원 및 해병대 병력 1,500~2,000명을 칸다하르 지역에 기습적으로 투입하여 작전 목표를 성공적으로 달성했다.

이후 실시된 토라보라와 아나콘다에서의 지상작전은 동굴 및 계곡에 분산, 은닉하고 있는 잔당들에 대한 소탕작전의 성격을 가졌다. 탈레반은 토라보라에 약 200개, 동부 아프가니스탄 지역에 약 10,000개나 존재하는 동굴을 활용하여 작전을 수행했다.

이에 대해 미군은 B-52 폭격기 등의 항공전력과 소규모 지상군 부대를 결합한 산악작전으로 대응했다. 이러한 군사작전을 통해 일정한 군사목표를 달성하며 아프가니스탄 전쟁을 종식시키려 했으나, 탈레반 세력의 완전한 제거가 이루어지지 않아 전쟁은 제4세대 전쟁 양상으로 진화되어 여러 혼란을 가중시키고 있다.[28]

28) 권태영·노훈, 『21세기 군사혁신과 미래전: 이론과 실상, 그리고 우리의 선택』, 법문사(2008), pp.112~113.

결국 아프가니스탄 전쟁은 탈레반 세력의 재등장과 안정화 작전의 미흡한 점이 나타나면서, 전쟁의 종결은 쉽게 결정나지 못하고 새로운 양상으로 전개되는 모습이 나타났다. 이러한 모습은 미래전쟁의 단면을 간접적으로 체험할 수 있는 전쟁사례로 기억될 것이다.

2) 영화의 주요내용

이건(공군 소령) :	"단 한 명의 아군이라도 지키려고 매일 이 경력을 이어가는 것이지"
잭스(공군 중령 대대장) :	"이건 비디오 게임이 아니야.", "전쟁은 이제 1인칭 슈팅 게임이야. 하지만 여기서 당기는 방아쇠는 진짜란 걸 명심해라.", "여기서 방아쇠를 당기면 누군가 세상에서 사라진다."
이건(공군 소령) :	"지금 하는 일이 뭔진 몰라도 이건 비행이 아니야. 지구 반대편의 에어컨 나오는 칸막이에서 사격을 하다니. 적이 운 좋게 무인기를 격추해도 어차피 난 안 탔잖아."
잭스(공군 중령 대대장) :	"이게 정당한 전쟁인 건진 나한테 묻지마. 우리가 정할 수 없으니까. 우리에게 그냥 전쟁일 뿐이야."

토마스 이건(에단 호크 분)은 미국 내 공군기지에서 출격한 MQ-9(드론)을 이용하여 아프가니스탄 내 테러리스트들의 제거하기 위한 새로운 미래전쟁을 수행하고 있다.

아프가니스탄 내 새로운 감시 및 타격 목표에 대한 파괴 모습.

아프가니스탄에서 지상작전에 투입된 특수부대의 인근 지역 감시역할까지 수행하는 MQ-9(드론) 모습.

〈드론전쟁: 굿킬〉의 배경이 되는 아프가니스탄 전쟁에서 미군의 MQ-9(드론)은 테러리스트에 대한 감시 및 공격 뿐만 아니라 지상작전에 투입된 아군 병력에 대한 감시 역할까지 수행했다. 이러한 모습은 앞으로 펼쳐질 다양한 미래전쟁에서 여러 과학기술 중 로봇의 기술이 중요한 역할을 담당할 것이라는 확신을 가져다 줄 것이다.

해당 영화에서 묘사된 작전 모습은 실제를 토대로 이루어졌기에, 실제 상황과 매우 흡사할 수 있다. 이처럼 앞으로 다가올 미래전쟁은 과학기술을 활용한 국방로봇, AI 등을 군사 분야에 적극적으로 활용하여 정치적 목적과 작전효과를 극대화하는데 활용될 것으로 예측된다. 이하에서는 해당영화를 통해 도출된 교훈을 거울 삼아 한국군에게 어떻게 적용해야 할지에 대해 제언해 보고자 한다.

2절 전쟁 패러다임의 변화와 미래전쟁

1) 전쟁 패러다임의 변화

지금까지의 전쟁 수행 패러다임[29]은 재래식 무기를 이용하여 총력전 형태의 일반적인 수준과 사고방식을 의미한다. 하지만 미래전쟁에서 패러다임의 변화란 전쟁에 대한 목적, 영역, 대상에 대한 사고의 변화로부터 전쟁을 수행하는 방식과 수단이 변화되어 전쟁 양상에 대해 새롭게 인식된 사고라 할 수 있다.[30]

전쟁 패러다임이 명확하게 분류되고 있음에도 불구하고 전쟁 형태의 변화를 바라보는 관점에 따라 다양하게 구분된다. 해당 장에서는 미래전쟁 패러다임의 변화를 주도한 요인을 크게 두 가지 측

29) 패러다임이란 한 시대의 특정분야나 사회 전체가 공유하는 이론, 법칙, 지식, 심지어 믿음이나 습관 같은 것을 통틀어서 일컫는 개념으로 토마스 쿤(Thomas Kuhn)이 과학의 혁명성을 주장하기 위해서 사용하면서 널리 알려지게 되었다. 토마스 S. 쿤 지음, 『과학혁명의 구조』, 김명자 역, 까치글방(1999), pp.33~46.

30) 박지훈, "4차 산업혁명 시대 한국군 군사혁신 추진 방향," 『주간국방논단』 제1704호, (2018), pp.1~8 ; 두석주 등 6명, 『미래전과 정보작전』, 황금소나무(2017) ; 이승호, "미래전쟁 양상 변화와 지상군 역할", 『전략연구』 제22권 3호, 한국전략문제연구소(2015) ; Department of the Army, 『The U.S Army Operating Concept : Win in a Complex World』, Training and Doctrine Command (TRADOC) Pamphlet, 525-3-1(October 2014) ; 고원, "전쟁 패러다임의 변화와 한국군에의 시사점", 『국방정책연구』 제26권 4호, 한국국방연구원(2010), pp.12~13.

면에서 살펴보고자 한다.

첫째, 과학기술의 변화요인이다. 이는 '전쟁의 미래'[31] 측면에서 전쟁을 바라보는 관점으로 과거 과학기술의 발전에 따른 첨단무기 체계들의 발달로 전쟁양상이 변화된 것으로 이해할 수 있을 것이다.

둘째, 국내·외 안보환경의 변화요인이다. 이는 '미래의 전쟁' 측면에서 전쟁을 바라보는 관점으로 전쟁이 이루어지는 국내·외 안보환경에 따른 전쟁 양상이 변화되어 이라크 전쟁결과에서 나타난 바와 같이 전쟁의 결과를 쉽게 단언할 수 없는 상태를 일컫는다.

이처럼 전쟁 패러다임의 변화를 가져올 과학기술의 변화, 국내·외 안보환경 변화를 종합적으로 검토해보면 2030년 이후의 전쟁 패러다임의 특성은 〈표 3-1〉과 같은 특성을 나타낼 것으로 예측해 볼 수 있다.

〈표 3-1 현재와 미래전쟁 패러다임 차이〉[32]

구 분	2000년대	2030년대
전쟁 원인/목적	이념, 민족, 종교	경제, 환경, 공익
전쟁 영역/대상	공지해 + 사이버, 테러	우주, 인지, 감성, 사이버 국가
전쟁 수행 핵심 요소	파괴력, 대규모 병력, 신속성, 물리적 특성, 합동성	정밀성, 무인자율능력, 인지적 특성, 회복력
전쟁 수행 양상	전면전, 반란전, 사이버전, 하이브리드전	유 · 무인전, 로봇전, 우주전, 비국가전
핵심 키워드	네트워크, 정보, 정밀유도, 장거리, 기술위주, 순차적	문화, 지식, 감성, 인명중시, 비살상, 우주 우세, 불확정성

31) 이근욱, 『미래전쟁과 육군력』, 한울아카데미(2017), pp.32~34.

32) 고원, "전쟁 패러다임의 변화와 한국군에의 시사점", 『국방정책연구』 제26권 4호, 한국국방연구원(2010), p.25를 기초로 재구성.

이처럼 전쟁 패러다임이라는 개념의 변화에 따라 2030년 이후의 전쟁 수행은 일정한 순서에 의해 정형화된 전쟁이 아닌 비순차적으로 발생하는 형태인 초비선형전(Hyper- Nonlinear Warfare)[33] 형태로 변화될 것으로 예측하는 전문가들의 의견이 다수이다.

물론 미래전쟁은 민간전쟁 형태로 나타날 수도 있으나 국가 간의 전면전이나 분쟁도 일어날 수도 있고, 비국가간의 국지전 형태로 발생할 수도 있을 것이다. 특히, 미래전쟁은 전쟁 대상이 다양화되고, 불명확화로 인해 전쟁주체를 식별해 내기에도 많은 어려움이 따른다. 무엇보다 한 국가가 전쟁을 결정하고 수행함에 있어 국가의 경제력이 군사력 건설에 영향을 미치고 있는 점과 국민의 인명중시 사상이 지배적인 영향력이 증대되고 있는 양태가 증가하고 있는 모습을 목도하고 있다.

또한, 초국가적인 사이버 안보위협 증가에 따른 '보이지 않는 위협'에 대응해야 하는 복합적인 상황에 선제적이고 신속하게 그리고 피해를 최소화 해야 된다는 원칙을 준수하여 전쟁을 수행해야 한다는 무언의 압력을 강요받고 있다.

이와 함께 과학기술의 발전은 무기체계 발전에 영향을 미쳐 군사

33) 비선형전은 피아 화기의 사거리, 명중률과 파괴력의 증대, 정보 및 지휘통제 능력의 발전 등으로 전장종심이 확대되고 전후방 동시전투가 실시됨에 따라 일정한 전선이 없이 전개되는 전쟁양상을 말한다. 군사용어대사전 편집위원회, 『군사용어대사전』, 청미디어(2016), p.368. 초비선형전(Hyper- Nonlinear Warfare)은 전술한 바와 같은 비선형전의 모습이 전쟁공간과 형태 그리고 수단의 확장성을 의미한다. 즉, 우주 · 사이버영역을 포함한 물리적 · 비물리적 공간으로의 확장과 더불어 전쟁형태의 복잡화로 평시, 전면전, 국지도발, 테러, 재난 · 재해 등이 혼합된 형태, 비살상무기를 포함한 신무기 등의 개발로 인한 전쟁수단의 확장성을 포함한 개념으로서 초비선형전으로 정의코자 한다.

력 운용의 효과성을 증진시키고, 군사력 운용의 본질적인 성격을 바꿀 것이다. 예컨대, 2030년 이후가 되면 과학기술의 놀라운 발전으로 로봇공학, 사이버 및 전자기파, 우주와 에너지, 양자컴퓨팅 분야를 포함한 다양한 과학기술들이 실용화가 달성될 것으로 전망되고 있다.[34)]

2) 과학기술과 미래전쟁

새로운 무기체계의 등장으로 전쟁양상이 변화된 것을 과거 전쟁 사례에서 예를 들면, 2차 세계대전 시 전차의 집중운용으로 등장한 기동전, 제2차 세계대전 이후 핵무기의 등장으로 전쟁양상이 변화한 것 같이 미래전쟁과 과학기술 그리고 전쟁, 이를 직접 담당하고 수행해야 하는 국방은 상호 밀접한 연관성이 있다고 할 수 있다.

이와 함께 현재 많은 논의가 되고 있는 4차 산업혁명 시대에 미래전쟁 양상에 영향을 줄 것으로 예상되는 IoT(Internet of Things), 로봇기술, 양자기술 등은 미래전쟁을 준비해야할 국방기술 분야에서도 많은 영감을 제공해 주고 있다.

1980년대 들어 전자, 정보, 재료, 광 · 생물 공학 등 여러 분야에서 충격적인 기술 변혁이 일기 시작했다. 이 같은 분야들은 서로 영향을 주거나 복합화하면서 사회 변동의 커다란 원동력을 형성하고, 신기술 혁명의 시대를 펼쳐나가고 있다. 이른바 새로운 과학기

34) 고원, “전쟁 패러다임의 변화와 한국군에의 시사점,” 『국방정책연구』 제26권 4호, 한국국방연구원(2010), pp.26~30 ; 『다영역 전투(21세기 제병협동의 진화)(번역본)』, 육군교육사령부, 육군교육사령부(2017), pp.7~14.

술을 구축하는 기술의 융합과 정보화의 거대한 파도는 종래의 산업 시대의 양태를 다른 모습으로 바꾸었으며, 인간의 생활양식과 함께 전쟁양상에도 많은 변화를 초래케 했다.

초기 하이테크 시대 전쟁 기간은 과학기술이 대두된 1980년부터 이라크전이 전개된 2003년까지 약 20여년 간 첨단장비와 정밀유도 무기의 지속적인 발달로 인해 과학기술이 주도하는 전장을 맞이하게 됐다. 탈냉전 이후 걸프전 및 코소보전 등 여러 전쟁을 거치면서 고성능 항공기, 조기 경보기, 전자전기, 정찰 위성 등의 무기체계들이 새롭게 개발되어 전장에서 이용되는 것을 목도할 수 있었다.

최근 4차 산업혁명의 발전 양상은 국방 분야에서 더욱 획기적인 미래 무기체계 개발을 추동할 것이라고 많은 전문가들이 예상하고 있다. 더불어 전장의 판도를 좌우할 게임체인저(GameChanger) 무기체계가 대두되고 있고, 그 선두에 미국이 있다고 많은 전문가들이 입을 모으고 있다. 미군은 기술적 완전성과 합리성을 기반으로 지속적인 군사적 우위 확보를 추구해오고 있다는 점에서 많은 국가들이 예의주시하고 있다.

미군은 최근 들어서도 4차 산업혁명 시대의 변화를 선제적으로 이끌어 나가기 위해 노력하고 있으며, 대표적으로 미군은 상쇄전략(Offset Strategy)을 추진하고 있다. 이것은 "적에 대해 전략적이고 지속적인 군사적 우위를 차지하기 위한 장기적 경쟁 전략"이다.

특히, 2014년 11월 척 헤이글(Chuck Hagel) 전(前) 국방장관이 레이건 국방포럼 연설을 통해 제시한 '3차 상쇄전략'은 국방 분야의 혁신 차원에서 미군의 변화 당위성을 언급하면서 시작됐다고 할 수 있다. 척 헤이글이 언급한 3차 상쇄전략의 공식명칭은 '국방 혁신 구상(Defense Innovation Initiative)'이다.

한편, 미 국방부 밥 워크(Bob Work) 전(前) 부장관은 "새로운 기술의 빠른 변화와 전 세계적으로 평준화되고 있는 환경적 특성으로 기존에 미군이 가져왔던 우월한 기술을 기반으로 하는 지속적 군사력 우위를 더 유지하기 어렵게 되었다"고 지적한 바 있다.

특히, 중국과 러시아가 군 변화 과정을 통해 첨단전력과 사이버·전자전 능력을 제고시키면서 미군이 유리한 위치에 있던 전력기술을 침식하고 있으므로, 미국은 상쇄전략 방식의 기본 기조를 유지하되 기술과 작전 개념의 혁신을 기반으로 비대칭 이점을 최대화할 수 있는 '3차 상쇄전략'을 추진해야 한다고 강조했다.

미국은 '3차 상쇄전략'의 핵심영역을 5가지로 구분하고 있다.

첫째, 자율학습체계분야, 둘째, 전투원과 기계의 협업의사결정(AI) 분야, 셋째, 전투원의 작전지속지원 분야, 넷째, 유인과 무인 무기체계의 작전 수행분야, 다섯째, 네트워크기반 자율무기체계분야이다.

이와 같이 미군은 '3차 상쇄전략'의 핵심 분야를 기술과 작전 개념을 결합하는 데 중점을 두고 있으며[35], 핵심 분야의 주도 기술은 4차 산업혁명에서 다루는 AI, 빅데이터 및 자율주행 체계와 밀접하

35) 2014년 최초로 언급된 "3차 상쇄전략"의 핵심은 기술과 작전개념(전략개념)의 융합과 극대화로 귀결된다고 볼 수 있다. 미국은 과거 1,2차 상쇄전략을 통해 기술중심과 작전개념(전략개념)중심간의 부조화로 많은 어려움을 겪었음을 교훈으로 도출했다. 이러한 기술중심과 작전개념(전략개념) 관계에 대한 세부적인 내용은 아래 논문을 참조. Stephen D. Biddle, "The Gulf War Debate Redux : Why Skill and Technology are the Right Answer", International Security Vol.22, No.2, (1997), pp.163~174.

게 연계되어 있음을 볼 수 있다.

몇몇의 군사 전문가들에 따르면, 미래전쟁은 4차 산업혁명에 기반한 새로운 첨단과학기술의 영향으로 전장영역이 우주와 사이버 영역까지 확대되고 전투 수단은 무인 자율화될 것으로 예상하고 초비선형전을 포함한 다양한 전쟁양상이 나타날 것으로 예상하고 있다.36)

3) 미래전쟁과 국방로봇의 정의 및 분류

미국, 러시아 등은 현재 4차 산업혁명 기술 중 하나인 로봇 기술을 전술제대에 활용하고 있다. 실제 로봇 기술을 활용하여 미국 주도로 치러진 이라크 전쟁이나 러시아에 의한 크림반도 합병 시 일정한 효과를 거두었다. 이러한 효과를 목도한 한국도 로봇공학 기술을 이용한 국방로봇 개발에 필요성을 깊이 인식하여 총력을 기울이고 있다.

특히, 많은 전문가들이 미래에는 인간 대 인간의 전쟁보다도 인간과 로봇 또는 로봇과 로봇간의 전쟁도 가능하다고 예상하고 있는바, 이에 대한 준비차원에서 국방과학연구소, 국방기술품질원, 한화디펜스 등을 포함한 산·학·연 협동으로 4차 산업혁명의 핵심기술인 AI를 이용한 국방로봇 개발 및 생산에 적극적으로 참여하고 있다.

그렇다면 국내에서는 4차 산업혁명의 핵심기술을 접목한 국방로봇에 대한 명확한 정의와 개념이 정립되어 있을까? 현재 국방로봇

36) 매일경제 국민보고대회팀, 『밀리테크4.0』, 매일경제신문사(2019), pp.86~89.

의 개념은 무인시스템을 아우르는 큰 개념으로 정의하고 있다. 2007년 국방과학연구소가 발간한 『국방지상 로봇 종합발전방향』에서는 국방로봇을 '대칭 및 비대칭 전투 환경에서 위험(Dangerous)하고 어렵고(Difficult), 지루(Dull)한 임무를 수행함에 있어서 용사 또는 유인 시스템을 대행하고 획기적인 능력을 발휘하기 위한 전투 및 비전투 시스템' 이라고 표현했으며, 무인(Unmanned)의 개념에 정찰용, 전투용, 전투지원용, 작전지속지원용으로 세분화하여 분류했다.

〈표 3-2 국방로봇의 분류〉[37]

구분	정찰용	전투용	전투지원용	작전지속지원용
지 상 로 봇	-차륜형 -궤도형 -휴머로이형 -동물형 -곤충형	-차륜형 -궤도형 -휴머로이형 -동물형 -곤충형	-차륜형 -궤도형 -휴머로이형 -동물형 -곤충형	-차륜형 -궤도형 -휴머로이형 -동물형
	다목적 지상로봇			
해 양 로 봇	-수상함형 -잠수정형 -물고기형	-수상함형 -잠수정형 -상륙장갑차형	-수상함형 -잠수정형 -수륙양용형	-수상함형 -잠수정형 -수륙양용형
	다목적 무인수상함 및 다목적 무인잠수정 등			
공 중 로 봇	-고정익형 -수직 이착륙형 - 포발사형 - 조류 및 곤충형	- 고정익형 -수직 이착륙형 - 포발사형 - 조류 및 곤충형	- 고정익형 -수직 이착륙형 - 포발사형 - 조류 및 곤충형	- 고정익형 -수직 이착륙형
	다목적 무인기			

37) 나종철, "미래전 대응을 위한 지상로봇 획득 및 운용전략에 관한 연구", 국방대학교 석사학위논문(2012), p.16에서 재인용.

국방로봇 가운데 지상로봇의 분류는 다양하나 지상로봇의 형태별, 운용목적별로 구분하면 우선 형태에 따라 차륜형, 궤도형, 동물형, 곤충형, 휴머로이드형 등으로 분류될 수 있다.

〈그림 3-1 형태에 의한 지상로봇 분류〉[38)]

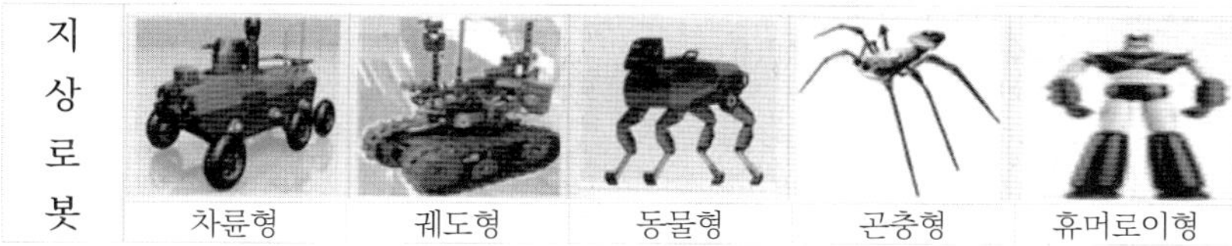

운용 목적에 의한 분류는 초기에는 정찰용 위주로 개발되었다가 최근에 등장하는 지상로봇은 감시수단을 탑재한 정찰용, 소총, 기관총, 유탄발사기, 미사일을 탑재한 전투용, 통신 중계용, 장애물 탐지 및 제거용, 화생방 탐지용, 환자운반과 탄약 및 식량 운반을 위한 작전지속지원용 등으로 분류할 수 있으며 2가지 이상 임무수행이 가능한 다목적 로봇도 개발되고 있다.

38) 나종철, "미래전 대응을 위한 지상로봇 운용전략에 관한 연구", 『국방과 기술』 제412호, (2013), p.95에서 재인용.

〈표 3-3 운용목적에 의한 지상로봇 분류〉[39]

분 류	운용 목적	능력 / 기능
정찰용	영상정보 수집	EO, IR, SAR 장비 탑재
전투용	기관총, 박격포, 지대지 전투	전투수행
통신중계용	통신 중계	통신 중계기
장애물 탐지 및 제거용	지뢰/급조폭발물 탐지, 제거	병력 접근곤란/불가지역
화생방 탐지/제독용	화생방 작용제 탐지 및 제독	병력 접근곤란/불가지역
작전지속 지원용	환자운반, 탄약 및 식량운반	다른 수송/운반수단 병력 제한시

3절 외국군 전술제대 유·무인전투체계 혼합 개념 적용 사례 및 한국군 고려사항

1) 외국군 전술제대 유·무인전투체계 혼합 개념 적용사례

가) 미국 : 스트라이커 여단의 보병대대

미국의 국방부는 2000년부터 무인기에 대한 로드맵(Unmanned Aerial Vehicles Roadmap FY 2000~2025)을 시작으로 25년 주기로 로드맵을 작성하여 공개하고 있으며,[40] 2018년에는 무인전투체계를 통합한 로드맵(Unmanned Systems Integrated Roadmap FY 2017~2042)을 지상, 공중, 해양(해상/수중)으로 나누어 공개하였다. 대표적인 사업으로 통합 개념 로봇-

39) 나종철, "미래전 대응을 위한 지상로봇 획득 및 운용전략에 관한 연구", 국방대학교 석사학위논문(2012), p.17에서 재인용.

40) Office of the Secretary of Defense, UNMANNED AERIAL VEHICLES ROADMAP FY 2000-2025, U.S Department of Defense(2001).

자율 시스템(JCRAS : Joint Concept for Robotics and Autonomous Systems)이다.[41)]

최근 로봇 시장이 성장세를 보이는 모습과는 달리 2001년 이전까지만 해도 미군에서 지상로봇의 소요는 거의 없었다. 그러다가 2001년 9·11테러와 아프간전, 이라크전을 거치면서 짧은 기간에 지상로봇의 수요와 비중이 커지게 되었다. 아프간과 이라크 전장에서 2006년도에만 4,000여대가 3만회 이상의 임무를 수행할 정도로 미군 내에서 지상무인전투체계의 역할과 비중이 커졌던 것이다.

현재 미군은 작전을 수행하고 있는 전 세계 전장과 기지에서 약 65,000여 대의 지상로봇을 운용하고 있다. 이제 로봇은 단지 병사들의 도구가 아니라 미군 부대의 일원이 되어가고 있다는 한 미군 장교의 말이 현실로 이루어지고 있는 상황이다.[42)] 이러한 지상로봇의 기술을 미국은 전술제대인 스트라이커 여단전투단 예하의 대대에 적용하고 있다.[43)]

지상로봇 기술을 접목한 스트라이커 여단부대는 이후 과학기술의 발달과 함께 지속적인 변화와 수용을 통해 편성과 능력을 보완했다. 특히, 미래전쟁 패러다임의 핵심 키워드라 할 수 있는 인명중시사상과 전투효율성 측면을 반영하고 있다.

〈그림 3-2〉에서 보는 바와 같이 현재 미군의 스트라이커 대대 예하 소총중대에는 보병용 장갑차(ICV : Infantry Carrier Vehicle)를 편성하

41) Office of the Secretary of Defense, UNMANNED SYSTEMS INTEGRATED ROADMAP FY 2017-2042, U.S Department of Defense(2018), p.3.
42) 김진오 등 공저, 『미래전의 희망 국방 로봇』, 성안당(2018), pp.90~94.
43) 권혁철 기자, "그들은 전장의 해결사인가", 한겨레21, 2003.08.21.일자, https://h21.hani.co.kr/arti/COLUMN/17/8815.html (검색일: 2019년 8월 6일)

여 조종수를 두고 있으나, 미래에는 자율주행 시스템을 적용하여 무인전투체계로 활용이 가능할 것으로 예상된다.

〈그림 3-2 미군 스트라이커 여단 예하 대대 구조[44]〉

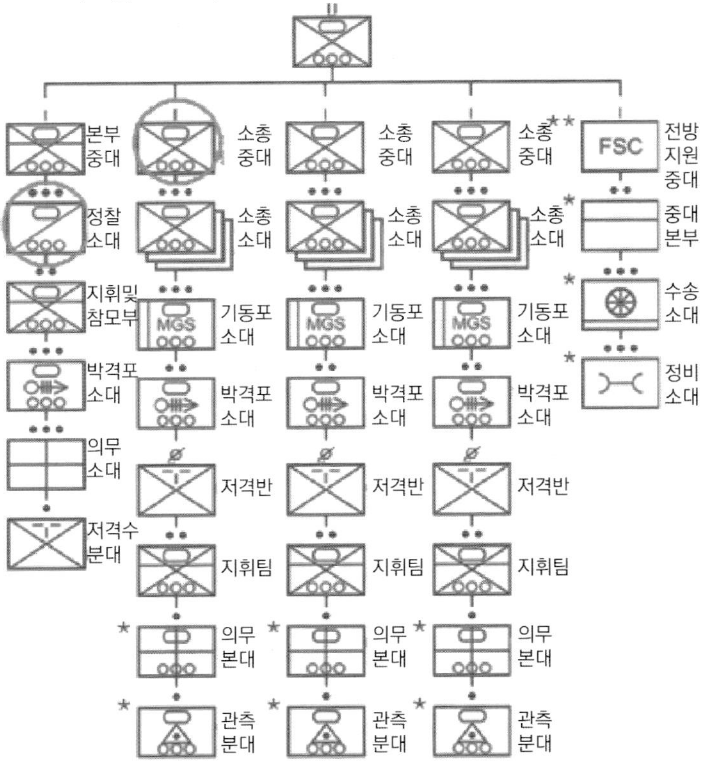

〈SBCT 예하 보병대대의 편성〉

또한, 본부중대 예하 정찰소대에는 무인기(UAS : Unmanned Aerial System)가 편성되어 적에 대한 첩보를 획득하기 위해 이용하고 있다.

44) Department of the Army, 『SBCT INFANTRY BATTALION(ATP 3-21.21)』, Washington, D.C(2016), p.1-9에서 재인용.

이처럼 미군은 유·무인전투체계의 상호보완성을 인식하고 있으며, 이를 적극적으로 구현하고 있다.

이와 함께 미군은 스트라이커 부대를 통해 다양한 영역과 병과를 통합할 수 있는 무기체계와 편성을 갖추고 있으며, 실제 이라크 전쟁과 아프가니스탄 전쟁에서 제 영역과 병과간의 통합성을 향상시켰다는 평가를 받고 있다.

이와 함께 미래 불확실한 작전환경에서 다양한 임무를 수행할 수 있도록 모듈형[45] 및 레고형[46] 부대구조로 구성되어 있어서, 해당 부대에 기동, 화력, 정보 등 다양한 부대가 편조됨으로써 다재다능성을 구비하고 있다고 할 수 있다. 무엇보다 스트라이커 부대에는 보병용 장갑차 등 다양한 기동수단을 구비하고 있어서 신속히 전개할 지역에 대한 반응속도를 줄일 수 있는 민첩성을 갖추고 있다고 할 수 있다.

이런 점을 고려 시 미군의 스트라이커 부대는 미국의 신속한 군사적 대응능력과 모듈화 부대의 좋은 모델이 된다. 특히, 이와 같은 부대들은 미래 전쟁의 핵심 키워드인 인명중시사상과 전투효율성을

45) 모듈(Module)의 사전적 의미는 '〈컴퓨터〉 프로그램을 기능별로 분할한 논리적인 일부분'이라는 뜻이다. 네이버 사전, dict.naver.com, (검색일: 2019년 8월 6일) 이를 다시 설명하면 '표준화된 조각'이라 지칭이 가능하고 쉽게 설명하면 따로 떨어진 형태의 것들을 합쳐서 종합적인 기능과 역할을 수행하는 일정한 크기의 구조나 체계를 구성한다는 의미라 할 수 있으며, 해당 장에서 모듈형 부대구조란 다양한 임무와 역할에 따라 부대의 구조가 정형화되어 있지 않고, 다양하게 확장 및 변형이 가능한 부대구조라 할 수 있다.

46) 레고(Lego)의 사전적 의미는 라틴어로 '조립하다, 수집하다, 모으다, 줍다'라는 뜻이다. 네이버 사전, dict.naver.com, (검색일: 2019년 8월 6일) 이를 다시 설명하면 사용자의 목적에 따라 자유롭게 구조나 체계를 구성할 수 있다는 의미라 할 수 있다. 정리하면 다양한 임무와 목적에 따라 부대의 구조를 다양하게 편성 및 운영할 수 있다는 뜻으로 해당 장에서는 사용하고자 한다.

고려한 가운데 지속적인 변화와 발전을 통해 더욱 진화할 것으로 예상된다.

나) 러시아 : 모듈(Module)형 대대전술단

러시아 국방부는 2014년에 로봇장비시스템 개발 및 그 군사 목적의 활용 계획을 승인했다. 국방부 자료에 따르면 2025년에는 러시아 군에서 차지하는 비율이 전체 군장비의 30%가 될 것이라고 발표했다.

이와 함께 블라디미르 푸틴(Vladimir Putin) 러시아 대통령은 최근 러시아군을 변화를 강조하며 '지능형 무기(Intelligent Weapons)'를 개발하라고 지시했다. 또한, 드미트리 로고진(Dmitry Rogozin) 부총리 역시 미래의 전쟁은 로봇을 적극 활용할 것이며, 로봇과 드론 군대를 창설할 것이라고 밝혔다. 그는 러시아 관영매체인 타스(TASS)와의 인터뷰에서 러시아가 수년 이내 하이테크 군사무기를 배치할 준비가 되어 있다며 "이미 많은 일들을 했으며 중요한 기술적인 진전이 이뤄졌다."고 했다.

러시아에서 개발하여 전투에 투입중인 플랏포르마-M은 무게 800kg으로써 기관총과 30mm 유탄 발사기로 무장이 가능하고, 정찰 또는 순찰, 경비 용도로 주로 쓰이지만 화력 지원에도 유용하게 쓰일 수 있는 지상로봇이다. 이와 함께 개발되고 있는 볼크-2는 무게 1t으로 시속 35km의 속력에서 발포가 가능하고 중기관총을 장착하고 있다. 주행성능이 향상된 궤도바퀴가 장착돼 있어 도로가 없는 곳에서도 속도가 전혀 느려지지 않는 특성이 있다.[47]

이처럼 러시아도 위에서 상술된 플랏포르마-M, 볼크-2 등 지상로봇을 지상군의 예하 전술제대급인 대대급 에도 적용하고 있으며, 지속 확대 추진하고 있다. 특히, 러시아는 조지아 전쟁이후 군 변화과정을 통한 개혁을 시작으로 아래 〈표 3-4〉에서 보는바와 같이 2012년 5월 러시아의 푸틴 대통령이 군과 방위산업의 발전을 위한 계획을 마련하라는 대통령 지시에 따른 무기체계를 개발하는 과정 속에서 무인전투체계의 발전전략을 수립했으며, 실제적인 전력화를 추진하며 러시아 군사력 증진을 포함한 대대전술단의 역량을 강화하고 있다.

〈표 3-4 러시아 군의 발전 및 방위산업 현대화 계획 관련 대통령 지시〉[48]

□ 우선발전 분야
① 핵전력 ② 공중-우주방어 ③ 통신 · 정찰 및 지휘시스템
④ 전자전 시스템 ⑤ 무인기 시스템 ⑥ 로봇 공격무기 시스템
⑦ 현대적 수송기 ⑧ 정밀유도무기와 정밀유도무기 거부 시스템
⑨ 전투원 개인 보호 시스템

2014년 러시아와 우크라이나 사이에서 치러진 전쟁에서 대대전술단(Battalion Tactical Group, BTG)을 편성하였으며, 아래 〈그림 3-3〉에서 보는 바와 같이 기본적으로 1개 전차 중대와 3개 기계화보병 중대가 포함된 1개 대대(+) 규모인데, 1개 대전차중대와 2~3개의 포병중대(자주포 또는 다연장 로켓포), 1개 방공중대가 증강된 형태로 구성되었다.

47) 김진오 등 공저, 『전게서』, p.105.
48) https://www.kremlin.ru/events/president/news/copy/15242 (검색일: 2019년 7월 24일)

〈그림 3-3 러시아 대대전술단 구조〉[49)]

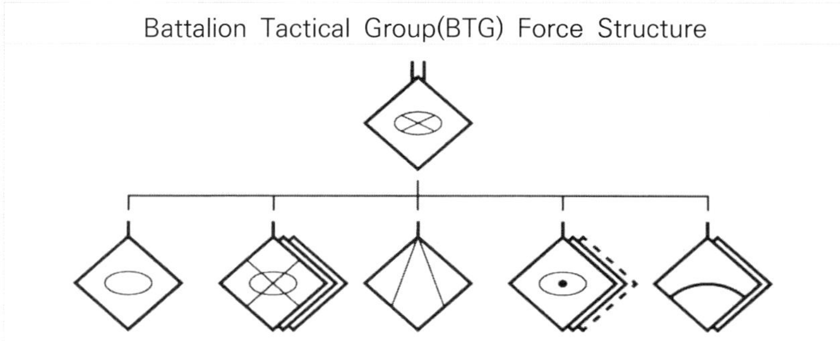

상기와 같은 편조된 대대(+) 형태의 대대전술단은 신속히 전선에 투입하는 모습을 보이며, 러시아가 크림반도 합병을 효과적으로 이룰 수 있는 큰 역할을 담당했다.

뿐만 아니라 러시아 대대전술단 예하에 실제 아래 〈그림 3-4〉에서 보는 바와 같은 지상로봇이 투입되어 실제 유·무인 혼합 전투체계에 대한 실전경험을 쌓아가고 있는 모습을 보이고 있다.[50)]

49) Amos C. Fox & Andrew J. Rossow, "Making Sense of Russian Hybrid Warfare : A Brief Assessment of the Russo-Ukrainian War", THE LAND WARFARE PAPERS, No. 112, (2017), p.5에서 재인용.
50) Amos C. Fox & Andrew J. Rossow, "Making Sense of Russian Hybrid Warfare : A Brief Assessment of the Russo-Ukrainian War", THE LAND WARFARE PAPERS, No. 112, (2017), pp.5~7.

〈그림 3-4 러시아 대대전술단에 편제된 로봇 장비〉[51]

러시아가 크림반도를 합병하는 군사작전 간에 대대전술단의 운용은 제 영역과 병과간의 통합성을 제고시켰다는 평가를 받고 있으며, 광활한 영토와 많은 국가들과 국경을 접하고 있다는 작전환경에서 유사 시 신속하게 모듈형 부대구조로 구성할 수 있고, 해당 부대에 기동, 화력, 정보 등 다양한 부대가 편조됨으로써 다재다능성을 구비하고 있다고 평가할 수 있다.

마지막으로 러시아는 대대전술단을 운용하면서 다양한 기동수단을 구비하고 있어서 신속히 전개할 지역에 대한 반응속도를 줄일 수 있는 민첩성을 갖추고 있으며, 이번 크림반도 합병에서 아래 〈그림 3-5〉에서 보는 바와 같은 넓은 영토를 지니고 있음에도 신속한 전개 능력을 보여주었다.

51) Lester W. Grau & Charles K. Bartles, "The Russian Way of War : Force Structure, and Modernization of the Russian Ground Forces", Foreign Military Studies Office (2016), p.318.

〈그림 3-5 러시아 여단 우크라이나 전개도〉[52]

2) 외국군 전술제대 변화 과정이 주는 시사점

미국의 전(前) 육군 참모총장을 역임했으며, 현(現) 합참의장인 마크 밀리(Mark Milley)대장은 불확실성이 점증하는 미래 환경에 대하여 다재다능성과 민첩성과 창의성을 요구하는 환경이며, 특히, 메가시티(Mega-City) 발달로 인한 복잡성과 지속지원에 대한 제한성, 네트워크의 융합으로 인한 취약성에 대한 대비가 필요하다고 언급했다.

이에 따라 미래 변화되는 환경에 대응하고 제한사항을 극복하기 위한 노력의 일환으로 지상로봇 기술을 포함한 무인전투체계에 대한 능력을 구비하는 것이 중요하다.[53]

52) Phillip A. Karber "RUSSIA'S HYBRID WAR CAMPAIGN : Implications for Ukraine & Beyond", Center for Strategic and International Studies (2015. 3. 10), p.39.

한편, 러시아는 조지아 전쟁이후 국방개혁을 본격화 하면서 미래 대응 능력을 강화하는 방향에 초점을 맞추고 진행됐고, 지금도 진행되고 있다고 할 수 있다.[54] 이와 함께 군 구조 개편일환의 여단형 중심 부대 개편과 예하 전술대대급을 포함한 각급 제대의 무기체계 발전에 관심을 갖고 적극 추진중에 있다. 특히, 무기체계를 발전시키기 위해 국내 생산뿐만 아니라 외국에서 수입하는 보다 적극적인 행동을 보였으며, 실제로 이스라엘 항공우주산업체(IAI, Israel Aerospace Industries)에서 12대의 무인항공기를 구매하는 등 무인전투체계에 대한 중요성을 깊이 인식했다.[55]

이처럼 미국과 러시아는 지상군 개편에 있어 첨단과학기술을 적용한 유·무인 전투체계의 혼합을 통해 군의 변화를 지속 추동하고 있다.

이를 통해 미국과 러시아의 변화 과정 추세를 면밀히 살펴보면, 다영역 및 다기능의 통합하는 형태로 이루어지고 있으며, 불확실성이 점증되는 전략환경의 변화에서 다양한 임무를 수행할 수 있는 능력이 요구되고 있음을 목도할 수 있었다. 뿐만 아니라 유사시 국내·외로의 신속히 이동할 수 있는 전개 능력을 구비해야 한다는 시사점을 도출할 수 있었다.

53) Zachary L. Morris, "Developing a Light Infantry-Robotic Company as a System", Military Review, July-August (2018), p.20.
54) 이영형, "러시아와의 군사협력 평가 및 증진방안", 『주요국과의 군사협력 평가 미치 증진방안』, 국가안전보장문제연구소(2017), p.153.
55) 김경순, "러시아 군개혁의 동향과 전망 : 2008년 군개혁을 중심으로", 『국제관계연구』 제17권 제1호, (2016), pp.165~167.

3) 미래 유·무인 혼합 보병대대 설계 시 고려사항

미국과 러시아의 군 변화 과정의 방향을 살펴본 결과 많은 변화와 혁신을 통해 해당 국가가 군에게 요구하는 능력과 역할을 수행할 수 있는 모습으로 변모하고 있다는 점을 깊이 인식할 수 있었다.

최근의 미국과 러시아의 전술제대 변화 과정의 모습은 특히, 한국군이 미래 유·무인 혼합 보병대대의 운용개념과 편성을 적용함에 있어서 많은 시사점을 제공했다.

이를 보다 구체적으로 살펴보면, 첫째, 제 영역의 통합성(Integrity)이다. 전술한 바와 같이 미국과 러시아의 전술제대의 변화되는 모습은 유·무인전투체계의 통합과 인접 제반 영역과의 통합을 통해 효과를 극대화시키는 방향으로 부대편성과 운용개념을 발전시키고 있었다. 예를 들면, 전술제대의 여러 영역이 통합되도록 우주의 영역과 사이버 영역을 전술제대도 함께 이용할 수 있는 제반 통합시스템을 구축하고 있음을 목도할 수 있었다.

둘째, 급변하는 작전환경 가운데서 다양한 임무를 수행할 수 있는 다재다능성(Versatility)이다. 미국은 2003년 이라크 전쟁을 통해 재래식 전쟁 뿐만 아니라 안정화 작전의 중요성을 깊게 깨닫고 전장의 급변하는 환경 속에서 전술제대가 다양한 임무를 수행해야 한다는 필요성을 절실히 느꼈으며, 실례로 이라크전 에서 IED(Improvised Explosive Device, 급조폭발물) 등장에 따른 피해를 감소하기 위한 지뢰제거로봇을 전술제대에 투입하는 등 전술제대 다재다능성을 제고시키기 위한 모습을 보였다.

셋째, 다양한 상황 속에서 신속히 행동화 할 수 있는 민첩성(Agility)

이다. 여기에서 민첩성이란 신속성과 적응성과 유연성을 포함한 개념으로서 분쟁지역으로의 신속한 기동을 통한 신속한 대응을 위한 전술제대의 유 · 무인 혼합 편성과 분쟁형태에 맞는 부대의 편조를 통해 유 · 무인 혼합 부대의 효과를 극대화해 나가겠다는 것이다.

한 나라의 군사력은 국가의 안전을 보장하는 직접적이고 실질적인 국력의 일부로서, 군사작전을 수행할 수 있는 군사적인 능력과 역량이다.[56] 해당 국가의 군사력은 교리(개념)[57], 군 구조와 편성, 교육훈련, 무기·장비·물자, 인적자원, 시설 등 미래 지상작전 수행에 요구되는 능력을 발전시켜야 할 분야를 통해 잘 나타나고 있다.

이 가운데서도 교리(개념)는 어떻게 싸울 것인가에 대한 방법과 군사력 운용에 관한 사고의 기본 틀을 제시하고 있다. 따라서 앞에서 전술한 바와 같이 미래전쟁 양상의 변화를 선도적으로 이끌어 나갈 수 있는 유 · 무인전투체계의 도입을 전향적으로 검토하고 도입함에 있어 외국군의 전술제대 변화의 모습 속에서 한국군이 적용해야할 개념을 도출하고 이를 미래 유 · 무인 혼합 보병대대에 적용하여 운용개념과 편성을 제시해 보고자 한다.

특히, 첨단과학기술 중의 한 분야로서 외국군에서도 많은 도입과 적용을 하고 있는 지상로봇의 전술제대의 다양한 적용 노력은 실제 전투력 발휘에 기여하고 있다고 할 수 있다. 현재 국방 지상로봇의 무인 자율화 수준을 명확히 판단할 수는 없지만 2030년 이후에는

56) 국방대학교, 『안보관계용어집』, 국방대학교(2002), p.64.
57) 육군은 '군사교리'를 일반적으로 '교리'라는 용어로 함축해서 사용하므로 이후에서는 '교리'는 '군사교리'를 의미한다.

자율화 수준이 〈표 3-5〉에서 보는바와 같이 5단계까지 발전할 것으로 예상된다.

〈표 3-5 무인체계 자율화 수준의 분류〉[58]

수 준	조종방식	설 명
0단계	인간직할	지상의 조종사가 무인체계의 작동 전 과정을 통제 및 조종
1단계	인간지원	이동 및 기동은 지상의 통제사가 직접 조정, 발사 직전까지의 과정은 무인체계 자율로 사격은 인간이 통제
2단계	인간위임	이착륙도 무인체가 자율, 인간은 비행 지점 설정에만 개입
3단계	인간감독	인간은, 무인기가 전송하는 정보의 모니터링만 담당
4단계	혼합	인간이 임무 보고 조건 지정 등의 주요 명령만 지시
5단계	완전자율	무인체계가 모든 것을 스스로 결정하고 행동

현재 세계 군사강대국이라 할 수 있는 미국을 비롯한 러시아, 중국, 독일 등은 미래전장의 핵심전력으로써 로봇을 선정하고 개발개념을 발전시킨 다음에 범국가적 과제로 지정하여 강력히 추진하고 있다. 우리나라의 경우도 국방과학연구소를 중심으로 국방로봇연구를 시작한지 20여년 동안 여러 성과를 도출해내고 있으며, 첨단과학기술 중 AI를 접목한 국방로봇 연구에 대해서도 많은 발전적 시도를 하고 있다.

한편, 미래 유·무인 혼합 보병대대의 운용개념과 편성방안은

58) 박상현 외 3명, “미래의 무인체계, 킬러로봇에 대한 비판적 고찰”, 『주간국방논단』 제1681호, (2017), p.3.

2030년 이후 한국군이 마주할 병영환경 측면 중에 아래 〈그림 3-5〉에서 보는 바와 같이 병역자원의 부족과 인명중시 사상의 강조 그리고 전투효율성 증대 측면에서 이제는 지상로봇 활용은 선택이 아닌 필수인 문제로 인식해야 할 것이다.[59)]

〈그림 3-6 군 입대 가능인원 전망〉[60)]

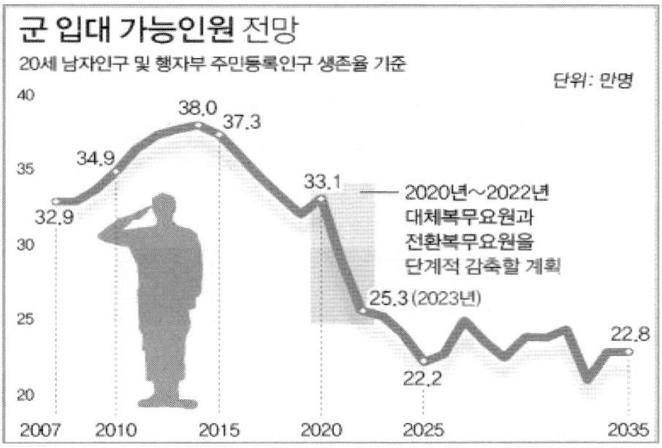

따라서 국방로봇 기술을 이용한 미래 유·무인 혼합 보병대대에 대한 한국적 특성을 고려한 운용개념과 편성방안 관련하여 외국군의 전술제대의 무인전투체계를 활용한 이점을 적극 활용하고자 한다.

이에 전술한 바와 같이 미래 유·무인 혼합 보병대대의 운용개념과 편성방안을 연구할 시 적용방향은 제 영역의 통합성, 다재다능성, 민첩성을 중심으로 제시해보고자 한다.[61)]

59) 미래에는 지금의 대대 병력의 절반 수준에서 지금의 임무와 과업을 수행해야 할 환경에 놓이게 됨을 깊이 인식해야 한다고 생각한다. 그렇기에 미래 유·무인 혼합 보병대대는 인원이 상수(常數)로서 영향을 미치므로 과학기술을 이용해야 인원으로 충족시키지 못하는 부분에 대한 공백을 메워야 한다.

60) 조유주 인턴기자, "〈그래픽〉 군 입대 가능 인원 전망", 연합뉴스, 2016.05.17. 일자, http://yna.co.kr/view/GYH20160517000900044 (검색일: 2019년 7월 26일)

4절 우리는 무엇을 준비해야 하나?
: 미래 유·무인 혼합 보병대대 운용개념과 편성 제안

2030년 이후 미래전쟁에 효과적으로 대응하기 위한 전술부대의 형태와 모습을 쉽게 예측할 수는 없겠지만, 미래 유·무인 혼합 보병대대는 전면전을 포함한 다양한 작전형태의 임무를 수행하며, 부여된 책임지역 내에서 주로 근접전투를 통하여 적을 격퇴 및 격멸하고 목표를 확보하는 임무를 수행할 것으로 예상된다.

그 중에서도 전면전시 핵심임무를 수행해야 할 미래 유·무인 혼합 보병대대는 임무수행 능력 극대화를 위해 자체 기동능력을 보강하고 정찰감시 장비 및 화력을 보강한 가운데 편성되어야 하며, 이를 통해 미래전쟁에 선제적·효과적으로 대응할 수 있는 능력을 구비해야 한다.

이런 맥락 속에서 미국과 러시아의 전술제대의 유·무인 중심으로 변화하는 교훈을 적용하여, 미래 유·무인 혼합 보병대대 설계시 고려사항은 세 가지로 압축된다. 첫째, 제 영역의 통합성(Integrity), 둘째, 다재다능성(Versatility), 셋째, 민첩성(Agility)이라 할 수 있다.

이와 함께 미래 전장 환경에서 특수한 임무가 부여 시에는 미국의 스트라이커 대대와 러시아의 대대전술단의 모습처럼 타 기능의 중대 또는 소대를 편제하여 임무를 수행할 수 있는 모듈화 및 레고화된 편성이 가능한 보병대대의 편제를 구비해 나가야 할 것이

61) 김진오 등 공저, 『전게서』, p.182.

다.[62)]

무엇보다도 미래전쟁 양상에서 유·무인 혼합 보병대대가 하이브리드전 뿐만 아니라 다양한 전장영역인 우주·사이버 영역을 포함한 다영역작전(Multi-Domain Operation)까지 확장된 개념인 초비선형전(Hyper- Nonlinear Warfare)에 대해 효과적으로 수행하기 위한 편성방안을 제시했다.

더불어 미래 유·무인 혼합 보병대대의 기본형 편성에 있어서 완전성을 갖추는데 중점을 두고 제시하고자 한다. 이를 위해 분대부터 ~ 대대까지의 임무 및 과업[63)]을 중심으로 임무필수과업목록(METL : Mission Essential Task List)[64)]을 염출한 후 이에 따른 편성을 도출하여 제시하는 상향식(Bottom-Up) 방식을 차용하고자 한다.

한반도에서 전면전시 맞닥뜨릴 작전환경은 DMZ, 도시지역, 산악지역에서 임무를 수행해야 하기에 보병의 기동력이 저하되고 소부대 규모의 독립전투가 증가하여 유인전투체계의 생존성이 크게 위

62) 노양규·신종태·이종호, 『미래 지상군 기본전술제대 편성 연구』, 한국국방발전연구원(2012), p.205.

63) 3장에서 논의되는 보병분대~보병대대까지의 임무필수과업은 Department of the Army, 『SBCT INFANTRY RIFLE PLATOON AND SQUAD(ATP 3-21.9)』 (Washington, D.C, 2010) ; Department of the Army, 『SBCT INFANTRY BATTALION(ATP 3-21.21)』 (Washington, D.C, 2016) ; Department of the Army, 『SBCT INFANTRY RIFLE COMPANY(ATP 3-21.11)』 (Washington, D.C, 2017)를 참조하여 작성함.

64) 임무필수과업목록(METL : Mission Essential Task List)은 미군에서 개발된 개념으로 부대가 임무 완수를 위해 필수적으로 수행해야할 과업목록이라 할 수 있다. 미군은 이 개념을 각급 제대에 적용하여 제대별 수행해야할 필요한 과업을 염출하여 효과적인 훈련과제를 도출하는데 목적을 두고 운용하고 있다. Department of The Army, 『ADP 7-0 TRAIING』 (29 August 2018), p.4-2.

협받는 상황에 직면하게 될 것으로 예상된다.

그렇기에 전면전시 위험한 과업이나 정찰 임무 등에 대해 先 무인전투체계 투입, 後 유인전투체계 전개로 미래전쟁의 변화양상에 부합된 모습인 인명중시 사상과 전투효율성 제고 측면에 중점을 두고 편성방안을 마련해야 하며, 이런 맥락 속에서 세부적인 내용을 제시해 보고자 한다.

1) 미래 유·무인 혼합 보병대대 전투수행기능별 운용개념

미래 유 · 무인 혼합 보병대대의 전면전시 운용개념은 6대 전투수행기능[65] 측면에서 살펴보고자 한다. 앞에서 제시된 미래전쟁의 패러다임 변화를 기초로 다영역에서 다양한 임무를 수행해야 할 미래 유 · 무인 혼합 보병대대는 새로운 운용개념의 창발(創發)을 통해서만이 전쟁의 승리를 가져오는데 일조를 할 수 있으리라 생각된다.

이하에서는 전면전시 부대가 전투를 수행할 때 군사적 역할과 활동의 기준이 되는 6가지 전투수행기능인 정보, 지휘통제, 기동, 화력, 방호, 작전지속지원을 중심으로 새로운 운용개념과 요구능력을 제시해 보았다.

65) 전투수행기능은 전장에서 전력발휘의 효과를 극대화 시키기 위한 긴요한 군사적 역할과 활동을 의미하며, 이는 전장에서 통합된 제 전장요소에 대한 통제를 용이하게 하고 전력소요 도출의 기초를 제공한다. 이진호 · 김종현 · 김우람 지음, 『합동성 강화를 위한 무기체계』, 북코리아(2013), p.15.

가) 정보 측면

전투수행기능 중 정보 측면 고려 시 미래 전면전 상황에서 맞닥뜨리게 되는 DMZ 지역, 도시화 지역은 보병대대에 편제된 무인항공기, 전투로봇을 활용하여 개인전투체계와 연동 가능한 첩보수집 및 지속적인 적과의 접촉을 유지하고 전장을 가시화하여 본대의 공격기세 유지 및 유리한 여건을 조성토록 해야 한다.

또한, 수집된 첩보를 실시간 전파, 전장가시화 및 타격체계와 실시간 연동할 수 있어야 하며, 상 · 하급제대 및 전투원 개인에게 전장상황을 신속히 전파 및 공유하여 간단없는 임무를 수행해야 한다.

이와 함께 대대에서 수집된 첩보를 종합, 분석하여 기동 및 화력에 적시적인 정보를 제공해 줌으로써 상급부대 작전목표 달성에 기여토록 노력의 통합을 달성하는데 핵심적인 역할을 수행해야 한다.

그리고 미래 첨단화된 위성통신체계를 포함한 발달된 통신시스템을 활용하여 전장가시화 및 타격체계와 실시간 연동이 가능한 체계를 유지해야 한다. 이에 더해 상 · 하급제대 및 개인전투체계와도 전장상황을 신속히 전파하거나 공유할 수 있는 긴밀한 연동성을 유지하며 정보 공유의 효과를 극대화해야 할 것이다.66)

무엇보다도 첨단화된 AI 기능을 적극 활용함으로써 적의 의도 분석을 비롯한 첩보를 융합하고 정보를 생산하여 기동부대의 임무수행에 가장 효과적인 접근로 및 기동로를 제공하고, 신속히 타격할 수 있는 표적정보를 제공하는 체계를 유지할 수 있을 것으로 판단된다.

66) 김영환 외 4명, 『제대별 6대 전투수행기능을 고려한 균형된 전력화 추진방향 연구』, 안보경영연구원(2017), pp.155~157.

아래 〈그림 3-7〉 은 미래 대대급에 편성될 무인기 및 드론을 전술상황을 고려한 가운데 통합적으로 이용하여 첩보수집률을 향상시키며 획득된 정보를 AI를 이용한 후 신속하게 기동 및 화력부대에게 표적정보를 제공해주는 모습을 그림으로 나타낸 것이다.

〈그림 3-7 전면전시 유 · 무인 혼합 보병대대 정보 개념도〉67)

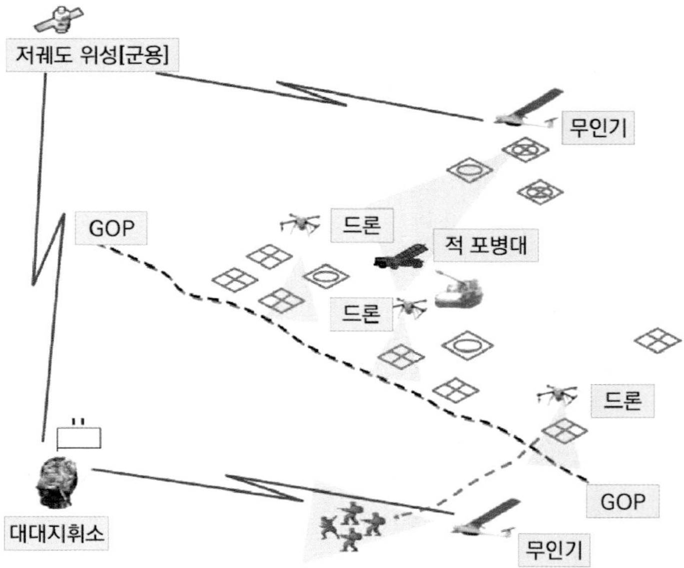

이러한 모습으로 운용된다면 전면전에서 DMZ 돌파 국면, 또는 도시지역작전 국면 등 다양한 상황에서도 핵심임무를 수행할 수 있다.

상기의 운용 개념도를 구현하기 위한 요구능력을 살펴보면 적의 지휘통제시설 및 기동부대 그리고 포병부대에 대한 첩보수집 능력을 구비하는 것이 가장 중요하다고 할 수 있다.

67) 육군본부, 『육군 기본정책서 : 육군비전 2030』, 국군인쇄창(2019), p.67내용을 토대로 재구성.

· 워리어 플랫폼과 연동과 확장성을 지니며 확장된 보병대대 종심에 대한 첩보수집 능력 필요

〈그림 3-8〉 Orbiter UAV[68)]

전장: 가로 2.2m, 세로 0.3m
체공시간: 1.5시간
감시범위: 15km이상

나) 지휘통제 측면

지휘통제 측면 고려 시 DMZ 지역이나 도시 지역에 진입하여 대대지휘소의 역할을 수행해야 하는 경우가 발생할 수 있다. 이럴 경우 미래 위성체계 기반을 활용하여 AI과[69)]에 편성된 인원과 체계를 중심으로 각 개인 전투원 까지 실시간 전장상황을 공유하고, 지형과 기상을 극복할 수 있는 네트워크화가 가능할 것이다.

또한, 변화하는 전장상황 속에서 신속한 감시·정찰 자산을 효율적으로 운용함과 함께 타격체계와 완전한 연동능력을 갖추어서 우발상황 하에서도 간단없는 통신체계를 운용토록 무인전투체계를 적극 활용한다.[70)]

뿐만 아니라 미래 작전환경의 가변성과 북한 지역으로의 이동간

68) https://www.israeliweapons.com/weapon/aricraft/uav/orbiter/Orbiter.html (검색일: 2019년 7월 26일)
69) 4절 2항. 미래 유·무인 혼합 보병대대 편성방안 참조.
70) 김영환 외 4명, 『제대별 6대 전투수행기능을 고려한 균형된 전력화 추진방향 연구』, 안보경영연구원(2017), pp.208~209.

나타날 다양한 제한성을 극복할 수 있는 AI기반 의사결정 방식을 도입하고 유기적인 상·하제대간 소통이 이루어질 수 있는 체계를 지속 유지할 수 있을 것이다.

아래 〈그림 3-9〉는 대대 지휘통제시설에 구비된 AI체계를 이용하여 신속한 지휘결심 통제 시스템 운영되는 모습을 그림으로 나타낸 것이다.

이러한 운용 개념도를 구현하기 위한 요구능력을 살펴보면, 정보수집자산을 이용해서 획득된 표적정보를 신속히 기동 및 화력에 제공할 수 있는 C4I체계를 확립하는 것이 가장 중요하며, 미래에는 위성기반 체계에 의한 간단없는 체계를 유지하는 것이 무엇보다도 중요하다.

〈그림 3-9 전면전시 유·무인 혼합 보병대대 지휘통제 개념도〉[71)]

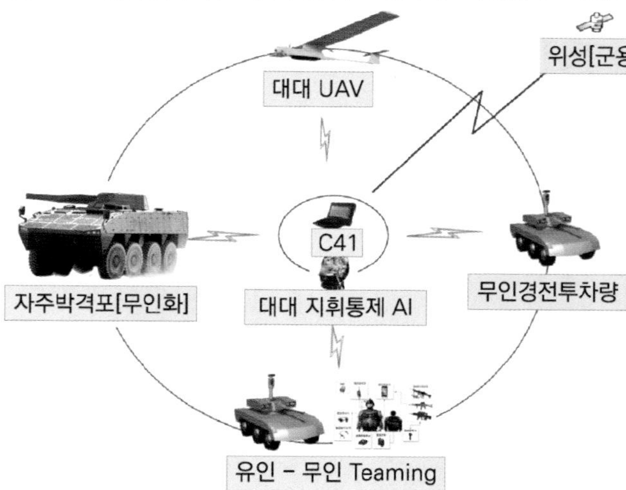

71) 육군본부, 『육군 기본정책서 : 육군비전 2030』, 국군인쇄창(2019), p.67내용을 토대로 재구성.

· 위성 기반 전 제대 동시 전장공유 체계 능력 구비

〈그림 3-10〉 군사용 소형 큐브위성[72]

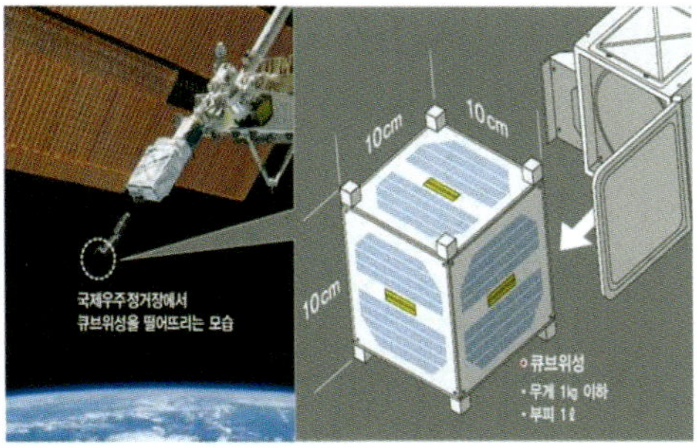

규격: 큐브위성 1유닛

발사비용: 8만달러
(한화 약 9천8백만원)

위치: 160~2000km 상공 저(低) 지구궤도

다) 기동 측면

기동 측면 고려 시 정보 기능으로부터 전달된 표적 및 제반정보를 AI를 활용하여 애로지역이나 장애물 상황을 극복할 수 있는 제반정보를 제공 받아 전체적인 작전국면을 이해하며 효과적인 기동계획을 수립할 수 있는 통합된 시각을 제공해 줄 수 있다.

이를 통해 DMZ 극복 상황이나 도시지역으로 진입 시 위성체계를 기반으로 한 기동부대들이 공격기세를 유지하지 못하게 방해하는 장애물 및 제한사항을 식별하여 전투로봇 등 기동부대에 편제된 장비를 이용하여 신속히 극복함으로써 다양한 작전지역에서 제 역할을 수행할 수 있는 복합능력을 투영시킬 수 있다.

더불어 전투로봇을 통한 적 장애물지대 탐지 및 신속하게 개척

72) 김지은 기자, “골프공 크기 ‘초소형 위성 산업’ 뜬다”, 한겨레, 2015.05.10.일자, https://www.hani.co.kr/arti/international/globaleconomy/690583.html?_fr=gg#cb (검색일: 2019년 7월 26일)

후 작전지역 확장에 따른 거점공간을 이용하는 적 드론, 우회대 및 특수작전부대의 침투를 거부할 수 있는 다양한 무인전투체계인 재밍건, 레이저 등을 포함한 전투로봇을 핵심지역에 기동시켜 적을 조기에 식별 및 차단하고 반격작전을 통한 북쪽 방향으로 진출하는데 유리한 환경을 조성할 수 있는 기동력과 신속성을 구비할 수 있게 된다.

이와 함께 전투로봇 선도 하에서 개인 전투원의 피해를 최소화한 가운데 위험지역 및 기상을 극복하여 전술적 목적을 달성할 수 있는 능력을 구비해야 한다. 또한, 산악 및 도시지역 작전수행을 위한 기동능력을 보유한 전투로봇을 투입시켜 상급부대 작전목표에 기여하고 핵심임무를 수행할 수 있는 능력도 구비해야 할 것이다.

이를 통해 결국 시·공간적으로 유리한 지점으로 먼저 기동하여 상대적 이점을 확보할 수 있으며, 이러한 상황 속에서 AI 지원 하에 가장 효율적인 전투대형과 이동기술을 적용하여 결정적 작전을 수행함으로써 승리에 기여할 수 있다.

특히, 기동은 정보 기능과 밀접히 연관되어 있는데 정보 기능으로부터 첩보 및 정보를 입수하여 가장 이상적인 타격수단을 선택하고 활용함으로써 작전목표를 달성하기에 이를 수 있다.

아래 〈그림 3-11〉은 실제 전장에서 유·무인 혼합 기동부대를 이용하여 적시적이고 효과적인 대응으로 결정적인 작전을 하는 모습을 그림으로 나타낸 것이다.

〈그림 3-11〉 전면전시 유·무인 혼합 보병대대 기동 개념도

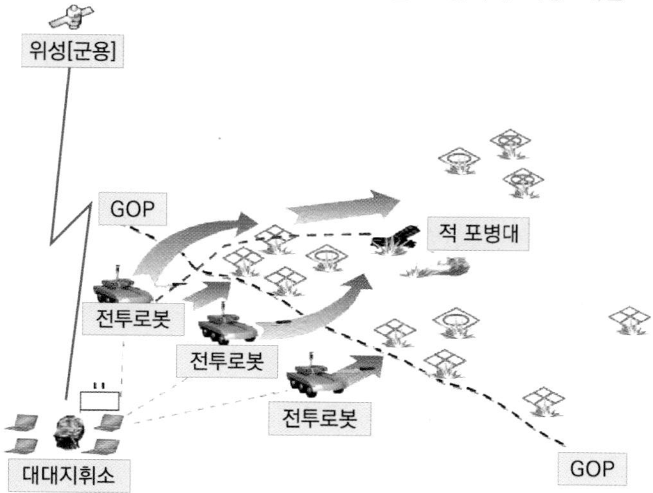

이러한 운용 개념도를 구현하기 위한 요구능력을 살펴보면, 신속한 기동력과 타격력을 바탕으로 적 부대를 격멸하는데 모든 타격자산을 집중해서 아군이 원하는 시간과 장소에서 적의 전투력을 저하시키며 전투의지를 파괴해야 한다.

이를 위해 적의 핵심표적에 대한 정보를 획득하여 신속한 기동을 통한 유리한 위치에서 상급부대 및 편제 타격자산을 활용해서 적을 격멸하여 전술적 목표를 달성해야 한다.

· 적의 핵심표적 타격 및 지휘체계를 파괴할 수 있는 레이저 무기 구비

〈그림 3-12〉 미국 경전술차량 탑재 레이저 무기[73]

	제원: 광학 및 적외선 센서 결합 형태 고에너지 레이저
	에너지 효율성: 냉장고 수준의 동력으로 20~30회 생산 가능
	탐지범위: 5km

· 산악 및 도시지역작전을 포함한 인공지능 전투능력 구비

〈그림 3-13〉 영국 마르스(MAARS) 전투로봇[74]

	무게: 167kg
	속도: 11km
	무장능력: 450발 기관총 탄약, 4발 수류탄

라) 화력 측면

화력은 살상 및 비살상 무기체계에 의하여 적에게 투사되는 사격량이나 타격능력을 말하며, 화력의 범주에는 작전(전투)부대 편제화기, 포병화기 및 비살상무기 등이 포함된다.[75]

73) https://www.raytheon.com/news/feature/forty-five-down; https://www.foxnews.com/tech/ amazing-military-atvs-armed-with-laser-weapons-will-blast-drones-out-of-the-sky (검색일: 2019년 7월 26일)
74) https://m.news.zum.com/articles/29723849; https://en.m.wikipedia.org/wiki/Modular_Advanced_ArmedRobotic_System (검색일: 2019년 7월 26일)
75) 김철환 · 이채언 · 하철수, 『전장기능별 무기체계』, 대한기획인쇄(2015), p.137.

또한, 적지종심작전 부대 및 종심지역까지 지원할 수 있는 소형 무인기와 전투로봇 등을 활용하여 핵심표적에 대하여 정찰 감시자산과 연계한 정밀타격을 실시하는 인접 및 예하부대의 화력을 통합적으로 운용할 수 있다.

특히, 화력은 정보와 연계하여 가장 최신화된 표적정보를 제공받아 AI를 이용하여 정밀하게 그리고 효과적인 타격을 실시할 수 있다. 그리고 상급부대와의 연계된 통신체계로 사거리 및 능력 제한으로 인한 제한사항 발생 시 상급부대에 화력을 요청하여 결정적 작전에서 반드시 승리에 기여할 수 있는 태세를 구축하며 다양한 능력을 구비하는데 기여할 수 있다.

아래 〈그림 3-14〉 는 실제 전장에서 유·무인 혼합 기동부대와 화력부대가 DMZ 극복 상황에서 기동력과 충격력을 구비한 가운데서 신속한 북쪽 방향으로의 이동을 가능하게 하는 모습을 그림으로 나타낸 것이다.

〈그림 3-14〉 전면전시 유 · 무인 혼합 보병대대 화력 개념도

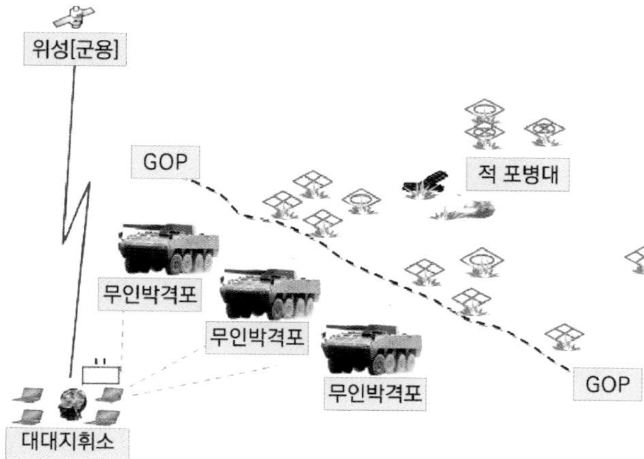

이러한 운용 개념도를 구현하기 위한 요구능력을 살펴보면, 기동과 정보 기능과의 긴밀한 협력을 통한 기동부대의 기동을 지원하며, 적의 핵심표적을 신속히 파괴하는데 중점을 두며 역할을 수행해야 한다.

이와 함께 대대가 신속히 목표지역으로 기동할 수 있도록 통합적인 화력을 이용하여, 적을 격멸하고 전술적 목표를 달성하는데 있어 지속적인 화력지원의 역할을 수행한다.

· 적지종심작전부대 및 종심 지원 가능한 타격능력 구비

〈그림 3-15〉 보병중대용 120mm 무인박격포[76]

전장: 가로 7.75m, 세로 2.83m
최대발사범위: 10km 이상
최대 도로 속도: 100km

마) 방호 측면

방호란 어떤 공격으로부터 막아 지켜서 보호하는 것을 말하며, 군사적으로는 적의 지상관측, 기습공격 등의 위협으로 부터 방지할 수 있는 대책을 강구함으로써 아군의 전투력을 효과적으로 보존하고 행동의 자유를 보장하는 것을 말한다.[77]

방호는 유·무인 전투체계에 대한 우선순위와 중요도를 평가하고 편제된 체계와 장비를 활용하여 제 기능이 마비되지 않도록 AI를

76) ⓒ Patrick A. Albright
77) 김철환·이채언·하철수, 『전게서』, p.315.

활용한 사전 준비 및 대응방안을 마련하여 통합된 능력을 전장에서 투영될 수 있는 태세를 유지할 수 있다.

이와 함께 적의 기동과 화력으로부터 아군의 인원, 장비 방호력이 보강된 가운데 대대 자체 대공방어 능력을 갖춘 가운데서 유·무인 전투체계를 활용하여 화생방 위협으로부터 자동경보 및 생존성이 구비될 수 있도록 할 뿐만 아니라 미래 보병대대에 기동성과 방호력을 강화하기 위해 편제될 기동형 장갑차는 기존 보병대대 전투원의 방호 능력 보다 더 향상된 방호 능력을 발휘할 수 있게 될 것이다.

결국 이러한 방호 활동을 통해 다른 전투수행기능에 원활한 첩보 및 정보가 유통되고, 기동과 화력을 통해 전투력을 발휘하며, 작전의 지속성을 유지할 수 있는 기반을 마련할 수 있을 것이다.

그럼에도 불구하고 적(敵)도 첨단과학기술을 이용하여 보다 더 강화된 타격력을 구비하려고 하기 때문에 취약성이 발생하게 될 가능성이 매우 높다. 그렇기에 방호 측면에서 취약성이 발생할 가능성이 높은 부분에 대해 AI를 이용하여 면밀히 분석해야 한다. 그 다음에 아군이 보호해야 할 핵심기능과 체계에 대한 삼중의 방호체계를 구축 및 유지할 방안을 지속 강구하고 신속한 전개를 통한 간단없는 지휘통제가 이루어질 수 있도록 지속 보완해 나가야 한다. 아래 〈그림 3-16〉는 미래 보병대대 방호체계 구축 설계방향을 제시하기 위한 것이다.

〈그림 3-16〉 전면전시 유·무인 혼합 보병대대 방호 개념도[78]

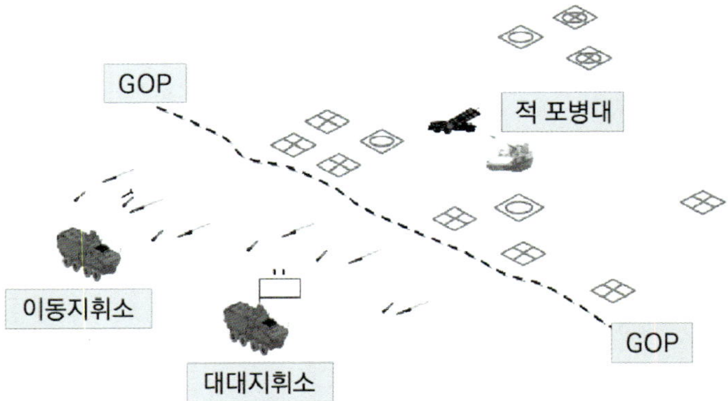

이러한 운용 개념도를 구현하기 위한 요구능력을 살펴보면, 방호는 전술제대의 제 전투력의 효과적인 통합을 위한 전제조건으로 완벽한 기능 발휘를 보장해 줄 수 있는 생존성 보장에 중점을 두어야 한다.

〈그림 3-17〉 차륜형 장갑차[79]

중량: 20톤이하
크기: 7.4m x 2.7m x 2.6m
(길이X너비X높이)
사용용도: 적 포병 공격시 방호 기능
방호력: 고폭탄의 폭압 및 파편 방호 및 14.5mm 기관총탄 방호 가능

78) 국방부, 『2019~2033 국방과학기술 진흥정책서』, 경성문화사(2019), p.82에서 재인용.
79) 박희준 기자, "북한 신형자주포 vs 한국 K9", 글로벌 이코노믹, 2019.05.11. 일자 ; ⓒ 현대로템, http://news.g-enews.com/view.php?ud=201905110925292996c5557f8da8_1&md=20190511145808_M ; https://terms.naver.com/entry.nhn?docId=3580669&cid=59087&categoryId=59087 (검색일: 2019년 8월 8일)

바) 작전지속지원 측면

작전지속지원은 제반 자원을 관리 및 지원하고 근무를 제공하여 작전지속성을 보장하는 기능으로 대대는 치중대[80] 운용을 통해 손실된 병력 및 장비보충 등의 임무를 수행하며 AI 기반하 C4I체계를 기반으로 실시간 인원 · 장비의 피해 및 손실 현황을 공유한 가운데 작전지속지원활동의 통합된 가운데서 효율을 극대화 할 수 있는 방향으로 운용한다.

특히, DMZ 극복 상황이나 도시지역 작전 또는 지하작전 등 원활한 작전목적을 달성하기 위해서는 탄약, 장비, 정비 등 적시적인 지속지원이 필요하기에 다양한 지원이 가능토록 현장정비시스템, 드론수송 등을 적극 활용한다.

무엇보다도 작전의 지속성을 유지하는 것이 중요하고, 해당 상황에서 보다 효과적인 지속지원이 될 수 있도록 지속지원 로봇과 수송 드론 등을 작전상황에 맞게끔 적시적이고 효과적으로 운용될 수 있도록 시스템을 구축해 나간다.

이처럼 작전지속지원은 작전의 지속성과 연계된 기능으로서 작전수행에 필요한 인원, 장비, 물자, 시설, 의무와 근무 등을 확보 · 관리하고 지원하여 '작전지속성'을 보장할 수 있다. 특히, 직접전투에 참가하는 대대는 장비에 대한 신속한 정비체계를 구축하는 것이 무엇보다 중요하기에 미군에서 운용되고 있는 전방지원대 개념을 원용하여 기동부대의 진출속도 부합된 지원되도록 민첩성을 구비할

80) 치중대는 대대의 보급, 수송, 정비, 의무를 담당하는 병력과 차량으로 편성된 지원조직으로 전투치중대와 야전치중대로 구분하여 분리 운용할 수 있다.

수 있는 장비 및 운용체계를 시스템화 시켜 나가야 한다.[81)]

전술한 바와 같이 다양한 군사활동이 접목되어 무엇이 부족하고, 어떻게 보충할 것이며, 누구에게 요청할지를 전투간 지속적으로 판단해야 하기에 AI 체계를 기반으로 해당 내용을 적시적으로 판단 및 조치를 해주어야 전투에 핵심적인 역할을 담당하는 기동, 정보 그리고 화력 기능의 지속성을 유지하는데 핵심 역할을 담당할 것이다.

아래 〈그림 3-18〉 는 미래 보병대대의 작전지속지원 운용개념 방향을 제시하기 위한 일환의 모습이다.

〈그림 3-18〉 전면전시 유 · 무인 혼합 보병대대 작전지속지원 개념도[82)]

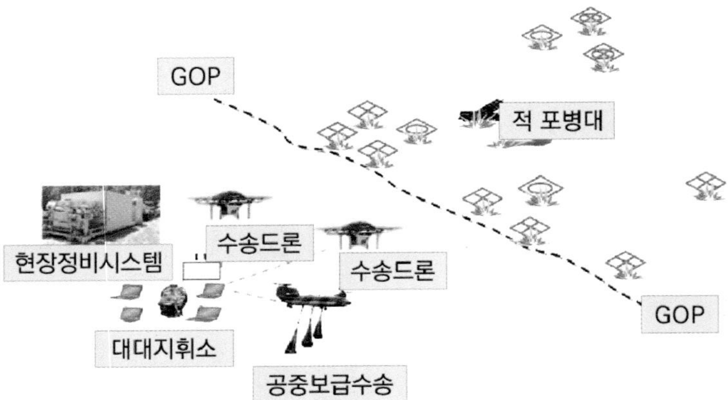

이러한 운용 개념도를 구현하기 위한 요구능력을 살펴보면, 작전지속지원은 기동부대에 대한 간단없는 탄약, 장비, 물자, 정비에 대한지속지원에 중점을 두고 신속한 추진보급과 적재체계를 구축하고,

81) 임시온, "작전수행과정 간 작전지속지원실 운용", 『군사평론』 제447호, 합동군사대학교(2017), pp.112~117.
82) 국방기술품질원, 『시나리오로 보는 미래전장무인기술 2050(요약본)』, 경성문화사(2014), p.26에서 재인용.

전방 정비반을 신속히 투입 및 의무반의 적시적인 활용을 통해 기동부대의 공격기세를 강화시키는데 모든 역량을 집중해야 한다.

2) 미래 유·무인 혼합 보병대대 편성방안

가) 보병분대

전면전시 보병분대는 편제된 화기를 이용하고, 근접전투 및 역습으로 적을 고착 및 격멸 또는 포획하거나 공격을 격퇴하기 위하여 화력 및 기동으로 적에게 근접하여 적을 살상하고 목표를 확보하는 임무를 수행한다.

편성은 AI담당 능력이 구비된 분대장, 부분대장으로 편성하며, 각각 2대의 군집로봇을 통제하며 협동전투를 실시한다. 보병분대에 부여된 임무를 수행함에 있어 1명의 유인전투체계에 의해 모(母)전투로봇 2대를 통제 가능하다는 기존 연구[83]를 토대로 미래 첨단과학기술의 발달을 가정하여 모(母) 전투로봇 1대에서 자(子) 전투로봇 5대 까지 통제가 가능함을 전제로 제기했다.[84] 보병분대의 임무필수과업목록을 염출한 내용은 아래와 같다.

① 전술적 이동	② 적 고착 및 격멸
③ 목표 확보	

83) 엄홍섭, "전투효과에 기초한 로봇 활용 보병소대의 설계방법 연구", 광운대학교 박사학위논문(2015), pp.49~73참조.

84) 3장에서 제시하는 안(案)은 기존연구를 토대로 첨단과학기술의 발달 추세를 염두에 두고 AI의 발전추세를 고려해서 유인전투체계에 의한 다수의 무인전투체계 통제가 가능하다는 전제로 진행되었고, 추후 과학적인 검증을 통해 수정 및 조정이 가능함을 밝힌다. 최근 이처럼 미래에는 1명의 유인에 의해 다수의 로봇을 운용할 수 있을 것이라고 전문가들은 예상하고 있다. 김도종, "군사용 지상로봇 기술개발 현황", 『한국정보기술학회지』 제17권 1호, (2019).

상기의 임무필수과업을 수행하고, 인명을 중시하며 전투효율성을 제고하기 위해 과감한 무인전투체계 도입이 필요하다. 따라서 보병분대에는 로봇군집 형태의 모습으로 제시했으며, 유인전투체계와 무인전투체계의 유기적 협동이 능력을 극대화 하는 방향으로 방안을 제시했다.

〈그림 3-19〉 보병분대 편성[85)]

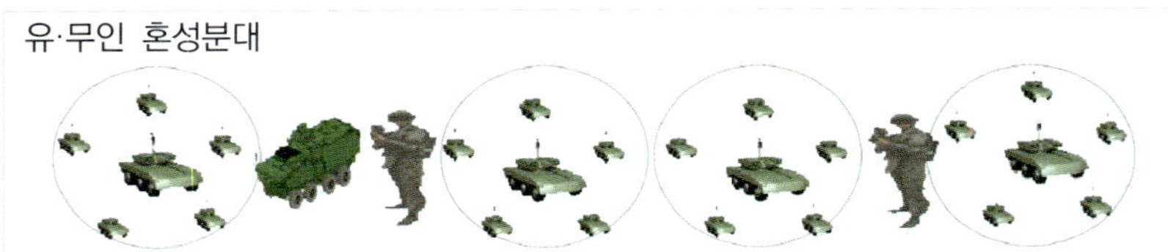

나) 보병소대 본부

보병소대 본부는 보병분대의 임무를 지원하는데 중점을 두며, 분대의 직접전투를 수행 지원하기 위해 작전지속지원용 로봇을 2대 편성하여 탄약, 식량 등의 지원 역할을 담당한다.

편성은 소대장, AI담당 능력이 구비된 부소대장, AI병으로 편성하며, 소대의 전술운용 및 작전지속지원에 대한 책임을 포함하여 모든 예속 및 배속 공용화기를 배치하고 운용할 책임이 있다.

① 전술적 이동	② 작전지속지원 활동
③ 목표 확보 지원	

85) 3장에서 제시하는 안(案)은 보병분대 유·무인 혼합은 군집로봇을 운용하는 것을 전제로 하고 있다. 현재는 보병분대에 자(子)로봇 5대가 편제되고 각각의 전투로봇 1대당 5대의 자(子)로봇을 편성을 제시하고 있으나, 이에 대한 세부적인 편성, 역할, 기능은 미래 첨단과학기술의 변화에 맞게끔 조정이 가능하다고 전제하고자 한다. 엄홍섭, 『전게논문』, pp.49~73참조.

〈그림 3-20〉 보병소대 본부 편성[86]

다) 보병중대 화기소대

보병중대 화기소대는 보병소대의 임무를 지원하는데 중점을 두며, 소대의 전술적 과업을 지원하기 위해 무인박격포 로봇을 6대를 편성한다.

편성은 소대장, AI담당 능력이 구비된 부소대장으로 편성하며, 소대의 전술운용 및 작전지속지원에 대한 책임을 포함하여 모든 예속 및 배속 공용화기를 배치하고 운용할 책임이 있다.

① 전술적 이동	② 화력지원 활동
③ 목표 확보 지원	

〈그림 3-21〉 보병중대 화기소대 편성[87]

86) https://smallwarsjournal.com/author/jeff-becker (검색일: 2019년 8월 8일)
87) https://armyrecongnition.com/finland_finnish_artilleryvehicle_systems weapons/nemo_patria_amv_120mm_8×8_selfpropelled_mortar_carrier technical_data_sheet_specifications_pictures.html (검색일: 2019년 8월 8일)

라) 보병중대 본부

보병중대는 적을 파괴하거나 화력, 근접전투 및 역습으로 적 공격을 격퇴하기 위해 화력 및 기동수단을 이용하여 적에게 근접하는 임무를 수행한다. 무엇보다 보병소대의 임무를 지원하는데 중점을 두며, 소대의 직접전투를 수행 지원하기 위해 작전지속지원용 로봇을 4대 편성하여 탄약, 식량 등의 지원 역할을 담당한다.

중대본부 편성은 중대장, AI담당 능력이 구비된 부중대장, AI병으로 편성하고, 유·무인 혼합 박격포반에는 기동부대 근접지원 무인 박격포 로봇 3대를 편성한다.

보병중대의 임무필수과업목록을 염출한 내용은 아래와 같다.

① 전술적 이동	② 작전지속지원 활동
③ 목표 확보 지원	

〈그림 3-22〉 보병중대 본부 편성[88]

중대본부

마) 통신소대

통신소대는 소대본부에 소대장, 부소대장, AI담당관, AI용사와 통신 로봇 2대로 편성되며, 네트워크 및 무선망 반, 유·무인 혼합 위성반으로 구성되어 대대의 정보유통, 표적정보 및 지휘통신활동에 대해 간단없는 지원을 실시한다. 통신소대 임무필수과업목록을 염출

88) https://smallwarsjournal.com/author/jeff-becker (검색일: 2019년 8월 8일)

한 내용은 아래와 같다.

① 전술적 이동　　　　　　　　② 중대~대대간 지상통신 지원
③ 전 제대간 지상 · 위성 통신 지원

〈그림 3-23〉 통신소대 편성[89]

바) 정찰소대

정찰소대는 소대본부, 4개의 유 · 무인정찰반, UAV반으로 편성되며, 소대본부에는 소대장, AI담당 능력이 구비된 부소대장, AI병 그리고 UAV 2대를 편성하고, 적정감시, 수색정찰 및 첩보수집활동을 실시한다.

정찰소대 임무필수과업목록을 염출한 내용은 아래와 같다.

89) 김민석 한국국방안보포럼 연구위원, "제123회 방추위 리뷰, 전차 에어컨이 신무기 도입만큼 중요한 이유", 비즈한국, 2019.09.14.일자 http://www.bizhankook.com/bk/article/18535 (검색일: 2019년 8월 8일)

① 전술적 이동 ② 적 첩보 수집 활동
③ 목표확보 위한 첩보 지원

〈그림 3-24〉 정찰소대 편성[90]

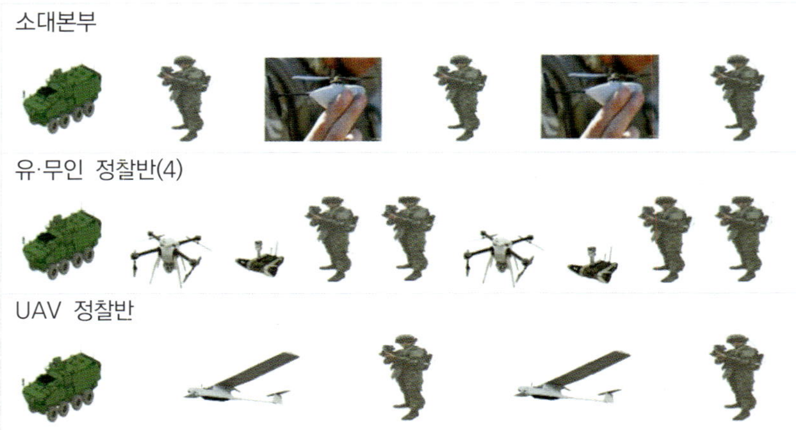

사) 정보작전소대

정보작전소대는 전투수행기능의 원활한 임무수행 여건 보장과 미래 사이버와 우주영역 활용 측면에서 사이버 · 전자전반과 장거리 센서반으로 편성되며, 소대본부는 소대장, AI담당 능력이 구비된 부소대장, AI병 사이버 통제장비 2대로 편성한다.

사이버 · 전자전반은 경전술차량에 탑재된 전자전 및 사이버 무기를 이용 전자전 및 공세적 · 방어적 사이버 작전을 수행할 것이며, 장거리 센서반은 상 · 하급제대 및 인접부대들간의 네트워크를 통합하는 임무를 수행할 수 있도록 편성 될 것이다.

90) https://www.army-technology.com/projects/themis-hybrid-unmannec-ground-vehicle/ (검색일: 2019년 7월 26일)

정보작전소대 임무필수과업목록을 염출한 내용은 아래와 같다.

① 전술적 이동	② 적 고착 및 격멸 지원
③ 목표확보 위한 지원	

〈그림 3-25〉 정보작전소대 편성[91]

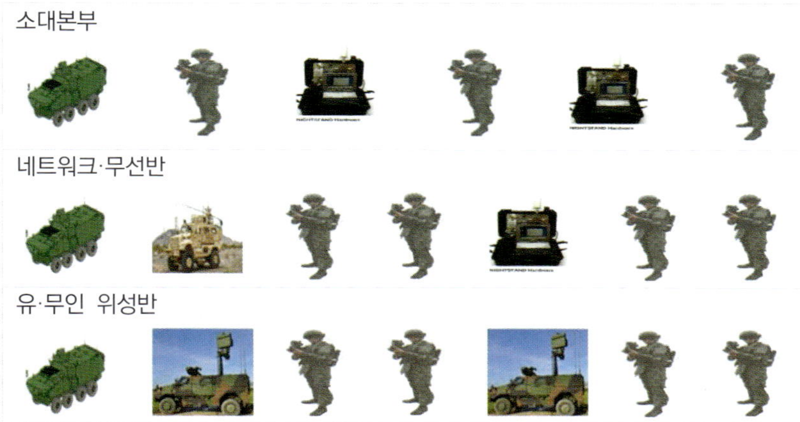

아) 유·무인 혼합 보병대대

미래 유 · 무인 혼합 보병대대는 6대 전투수행기능의 원활한 임무수행 여건 보장과 부여된 임무를 완벽히 수행하고, 미래전쟁 패러다임으로 제시되고 있는 인명중시사상과 전투효율성 제고 측면에 중점을 두고 편성했다.

91) Joseph Trevithick, “This Is The Army's New Electronic Warfare Vehicle, The First Of Its Kind In Years”, The drive, 2018.09.11.일자, https://www.thedrive.com/the-war-zone/23506/this-is-the-armys-new-electronic-warfare-vehicle-the-first-of-its-kind-in-years ; J. Fingas, “NSA can hack WiFi devices from eight miles away”, Engadget, 2013.12.30.일자, https://www.engadget.com/2013/12/30/nsa-can-hack-wifi-devices-from-eight-miles-away/ (검색일: 2019년 7월 26일)

위에서 제시된 분대로부터 대대까지 포함된 보다 구체적인 편성은 아래 〈그림 3-26〉 같으며 이를 통해 유·무인 혼합 보병대대의 완전성을 구비하는데 중점을 두고자 했다.

〈그림 3-26〉 보병대대 기본형 편성[92]

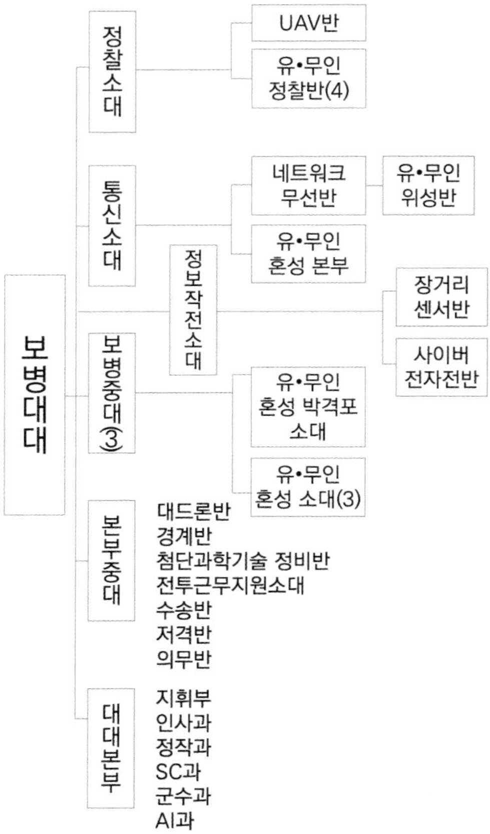

92) 기존 논의 토대로 저자 작성

4 장[93)]

전쟁영화 '헌터킬러'와 합동 신속 대응부대

제1절 영화정보

제2절 합동 신속 대응부대 생성 배경과 필요성 및 역할 고찰

제3절 선진 국가의 신속 대응부대 효과 분석

제4절 선진 국가의 신속 대응부대 SWOT 분석을 통한 한국군 고려사항

제5절 우리는 무엇을 준비해야 하나? : 합동 신속 대응부대 창설 시 효과 분석

93) 이 장은 문장권의 2020년 군사연구 제150집에 실린 『전통적·비전통적 안보 문제와 군사혁신 방안 연구』를 토대로 내용을 수정·보완한 것임을 밝힙니다.

1절 영화정보

1) 영화의 배경

〈헌터킬러〉는 가상의 상황을 상정해서 제작되었다. 미국과 러시아의 잠수함이 숨어서 서로를 지켜보고 있던 중 갑자기 러시아 잠수함이 격침당하는 소리를 듣게 된 미국 잠수함 하지만 곧이어 미국 잠수함도 격침당하게 된다.

미국은 통신이 끊긴 잠수함을 찾기 위해 극비로 〈헌터킬러〉 잠수함과 최정예 네이비 씰(Navy Seal) 요원들을 투입 시킨다. 통신이 끊긴 위치로 향한 미국 잠수함은 어디선가 날아오는 어뢰에 맞을뻔 했지만 함장의 기지로 어뢰를 피하게 되고 반대로 어뢰를 쏜 러시아 잠수함을 격침시키게 된다.

러시아 대통령은 잠수함을 격침시킨 미국에 의구심이 생겼고 자칫하면 전쟁으로 이어질 수도 있는 상황으로 전개된다. 한편, 미국 잠수함은 격침되어 있던 러시아 잠수함을 살펴보다 어뢰를 맞은 것이 아닌 실내에서 폭발이 일어나 격침당했다는 것을 알고 생존자가 있는지 살펴보게 되는데, 놀랍게도 잠수함에는 아직 생존해있는 러시아 군인들이 있었고 미국 잠수함으로 그들을 구출하는데 성공한다.

그 시각 최정예 네이비 씰 요원들은 러시아 영토로 침투하게 되고, 그곳에서 러시아 대통령이 감금되고 국방부 장관(두로프)이란 사람이 쿠데타를 일으키고 있다는 정보를 입수한다.

정보를 입수한 미국은 네이비 씰 요원들과 '헌터킬러' 잠수함의 합동작전으로 러시아 대통령을 구출하기로 한다. 러시아의 영토까지 잠수함이 침투하기 어려웠지만 구출했던 러시아 군인 중 잠수함의 길을 빠삭하게 알고 있던 자가 있었고 그의 말을 들으며 러시아 영토에 침투하는데 성공하지만, 쿠데타를 일으킨 러시아군은 미국 잠수함을 격침시키기 위해 미사일을 발사한다.

이때, 러시아 군인들은 이 모든 것이 쿠데타라는 것을 알고 미국 잠수함을 지키기 위해 미사일을 격추시켜 무사히 러시아 대통령을 구출, 쿠데타를 막는데 성공한다.

2) 영화의 주요내용

주요대사

글래스 : (임무출항 전 잠수함내 승조원에게 하는 말) "나는 평생물속에 있었다. … 내가 아는거라곤 잠수함뿐이다.", "개개인의 능력을 최대한 발휘하도록 어떤 실수가 있더라도 함장이 책임질 것이다."

글래스 : (아칸소함을 이끌고 러시아 협만으로 이동하는 과정에서 러시아 안드로포프 함장에게 하는 말) "내 편, 네 편 따질 일이 아닙니다. 우리의 미래를 위한 일이니까."

러시아 대통령 : (아칸소함으로 탈출한 후 글래스 함장에게 하는 말) "안드로포프 함장이 당신은 믿어도 된다는군. 내 장군들과 통화해야겠소. 그쪽에서 사실을 안다면 두로프를 막아줄 거요"

글래스 : (러시아 안드로포프 함장이 아칸소함 지휘통제실 위치한 것과 관련 불만을 표출하는 승조원들을 설득하는 과정에서 하는 말) "이 협만은 미국 잠수함이 들어온 적 없는 곳이다. 이 함장을 볼땐 뱃사람으로만 봐라."

미 해군 네이비 씰 요원 정찰 장비에 포착된 모습이 합동참모본부 지휘부로 전송되어 러시아에서 쿠데타가 발생한 것을 인지하고 미국 대통령께 보고를 결심하는 모습.

미 네이비 씰 요원들이 러시아 대통령을 구출하는 모습.

러시아 대통령이 감금되고 국방부 장관이란 사람이 쿠데타를 일으키고 있다는 정보가 미국 워싱턴에 있는 합참 지휘본부와 공유된다. 이를 인지하고 미국 합참은 해당 내용을 대통령에게 보고하기로 한다.

그리고 이에 대한 대응책을 모색하게 되고, 러시아 영토에 침투한 네이비 씰 요원을 투입하여 감금된 러시아 대통령을 구출하여 러시아 해역에 급파된 핵잠수함 '헌터킬러'에 태워 탈출을 실행한다.

〈헌터킬러〉는 가상상황을 배경으로 미국과 러시아 간의 일촉즉발의 위기를 국가지도자 및 군사지도자의 의사결정과 이를 구현하기 위한 지상군·해군·공군의 합동작전을 통해 작전효과를 극대화 하는 모습이 묘사되었다.

미래 한반도의 안보환경은 다양한 모습으로 다가올 수 있기에 특정 군만을 운용해서 정치적 목적 또는 요망하는 작전효과를 달성하지 못할지도 모른다. 그렇기에 영화에서도 묘사된 바와 같이 국가적 위기에 봉착 시 국가의 제(諸) 자원의 통합과 군사 분야에서의 합동작전을 통해 정치적 목적 달성은 물론 작전효과를 극대화 할 수 있도록 제반 준비를 철저히 해야 할 것이다. 물론 가상상황을 배경으로 한 영화이지만 해당 내용에서 도출된 교훈은 '합동성'을 제고해 나가야 한다는 점이다.

이러한 맥락 하에서 한국군도 '합동 신속 대응부대'를 창설하는 것을 고려해 볼 것을 언급했으며, 만약 창설하게 된다면 예상되는 효과에 대해 제언해 보고자 한다.

2절 합동 신속 대응부대 생성 배경과 필요성 및 역할 고찰

1) 합동 신속 대응부대 생성 배경과 필요성

가) 합동 신속 대응부대 생성 배경

미국과 유럽의 북대서양조약기구(NATO : North Atlantic Treaty Organization) 등 선진 국가들이 신속 대응군을 운용하는 배경에는 각 국가가 처해 있는 안보 환경에 기인한다고 할 수 있다. 이미 많은 안보전문가들의 분석 및 일류 안보 전문 기관들에서 전망한 바와 같이 국제적 수준에서는 냉전이 종식되었으나, 최근 불거진 미국과 중국의 패권 경쟁으로 야기된 신(新)냉전의 도래에 대한 우려와 한반도 수준에서는 여전히 냉전적 대결 양상이 나타나고 있다는 것이 작금의 한반도의 안보 현실이라 할 수 있다.

특히, 한반도에는 북한의 핵무기 개발 문제를 포함한 다양한 냉전적 대결 양상이 완전히 해소되지 않은 가운데 세계적 강대국들의 지리적 중심에 위치함으로써 강대국들의 패권 경쟁에 큰 영향을 받고 있다. 그럼에도 불구하고 한국은 안정적인 안보 환경을 조성하고 관리하는데 많은 역량을 투입하여 일정한 경제적 번영을 이루었지만, 천안함 피격 사건과 연평도 포격 사건에서 목도한 바와 같이 북한의 위협으로 야기된 여러 위기 발생 상황을 관리해야 하는 어려운 입장에 있다.94)

한반도의 안보 환경 특징을 세부적으로 살펴보면 다음과 같다.

첫째, 북한의 공세적인 군사태세와 남북 대결 양상의 지속이다. 북한은 1990년대 이후 심각한 경제난에도 불구하고 대규모의 재래식 군사력을 유지하는 막대한 자원을 쏟다 붓고 있으며, 핵·미사일 등의 대량살상무기 개발 등 비대칭 전력의 개발을 포기하지 않고 있다. 또한, 주지하다시피 북한이 보유한 지상군 전력의 약 70%를 평양-원산선 이남 지역에 전진 배치되어 있어 유사시 재배치 없이 기습공격이 가능한 태세를 유지하고 있다. 이와 함께 한국의 수도

94) 김계동 외, 『북한의 체제와 정책 : 김정은시대의 변화와 지속』, 명인문화사(2014), p.176 ; 안광수 등, 『한반도 안보환경에서의 신속대응군 역할과 운용 방안』, 한국국방연구원(2011), pp.67~70.

권의 안전을 위협하는 대규모 장사정포 능력을 보유한 가운데서 공세적인 태세를 유지하고 있다.

둘째, 북한 주도의 다양한 국지 도발 위협의 잠재성이다. 북한은 대규모의 재래식 전력을 유지하는 한편 핵·미사일을 중심으로 비대칭 전력 개발에 집중하고 있는 양태를 보인다. 이는 한국군의 전쟁수행 능력이 제고됨과 함께 한미동맹을 중심으로 한 연합전력의 우세로 쉽게 북한이 전면전을 일으키지 못하는데 기인한다고 할 수 있다.

셋째, 한반도 주변의 잠재적 위협과 갈등요인의 지속이다. 잠재적 위협과 주요 갈등요인은 해양영토 및 도서 영유권 주장, 해양자원 개발 경쟁 등으로 연유한다. 한국은 일본 및 중국과 배타적 경제수역에 대한 획정을 매듭짓지 못하고 있으며 이는 수산자원 획득 및 해양자원 개발과 관련하여 주변국과 항상 논란의 이슈로서 작용할 것으로 예상해 볼 수 있다. 이와 함께 독도 및 이어도에 대한 일본과 중국의 영유권 주장도 이와 깊이 연관되어 있다.

이와 관련된 구체적인 사례로서 2018년 중국 정찰기가 이어도와 제주도 사이 해역을 비행하는 등 한국방공식별구역(KADIZ, Korea Air Defense Identification Zone)을 침범했다. 이는 이어도 해역에서의 정찰 비행을 정례화하고 있는 것으로, KADIZ 무력화 의도가 깊게 내포된 활동으로 보인다. 당시 한국의 국방부와 외교부 등 관계 당국은 상기의 행위들은 중국의 움직임과 관련해 이어도 영유권 주장을 위한 포석 행위로 평가했다.[95] 이러한 상황은 중국이 한국이 주장하는 배타

95) 김정원 기자, "중국 정찰기, 이어도 부근 방공식별구역 침범", 한국일보, 2018.10.29.일자, https://www.hankookilbo.com/News/Read/20181029

적 경제수역 내에 있는 이어도에 대하여 앞으로도 더욱 공세적인 방향으로 전환할 가능성이 높아질 수 있다는 점을 보여주고 있다.

〈그림 4-1〉 중국 군용기, 한국방공식별구역 진입96)

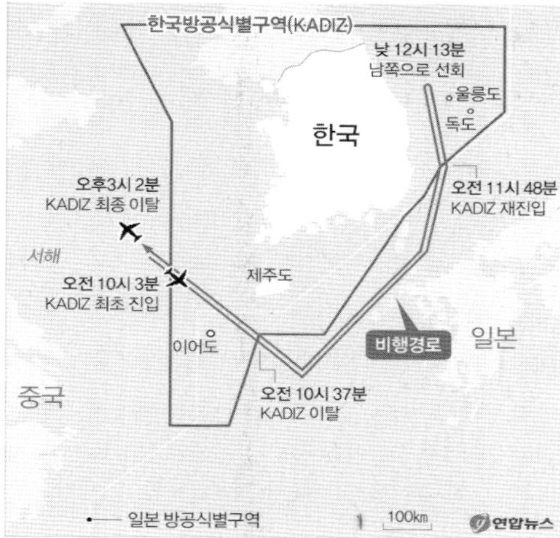

이와 함께 최근 한반도에서 북한의 도발 사례 중 2010년 천안함 피격 사건을 통해 합동작전의 여러 문제점들을 도출해서, 이를 거울삼아 합동성 강화를 위한 여러 법적·제도적으로 노력을 경주해야 한다는 담론을 형성할 수 있었다.

과거 천안함 피격 사건을 통해 합동작전에 주었던 교훈은 각 군 전투부대에 대한 작전지휘를 책임지고 있는 합동참모본부의 임무수행이 완벽하게 이루어지지 못했다는 점이다. 즉, 합동참모본부가 중심을 잡고 합동작전 및 통합방위작전을 효과적으로 집행하지 못했

1733728764 (검색일: 2019년 11월 30일)

96) 김귀근 기자, "中군용기, 또 韓방공식별구역 진입후 이탈…올해 여섯 번째(2보)", 연합뉴스, 2018.10.29.일자, https://news.joins.com/article/23561598 (검색일: 2019년 11월 30일)

다는 평가가 나왔다. 무엇보다도 합동작전과 관련한 가장 중요한 교훈은 합동참모본부가 지상군, 해군, 공군 모든 작전을 효과적으로 지휘 통제할 수 있는 조직 체제를 강화해야 한다는 요구였다.

이러한 요구에 부응할 수 있는 방안 중 하나가 바로 조직 형태 변화의 필요성이었다. 이런 맥락하에서 합동참모본부의 가장 이상적인 조직 형태는 합참 근무 장교들이 군의 소속에 관계 없이 지상군, 해군, 공군 모든 분야의 전문성을 갖추는 것이라고 평가했다.[97]

이처럼 천안함 피격 사건 이후 합동성 강화에 대한 일치된 목소리가 뿜어져 나왔고, 이를 위한 여러 개선 방안들이 제기되어 나온 산물 중에 하나가 대전지역에 '합동군사대학교'를 창설한 것이다. 해당 학교는 영관급 장교들의 합동연합작전 수행능력을 갖춘 전문가를 육성하는 교육목표를 제시하며, 한국군의 합동성[98] 강화에 기여를 목표로 출범하게 됐다.[99]

이런 변화의 모습은 합동작전을 수행하는 구성원들의 공통의 인식을 유도할 수 있었으나, 실제 각 군 전투부대 구성원이 주축이 되는 합동 전투부대 창설에 대한 논의까지 발전하지는 못했다.

97) 김성만, "북한의 무력도발을 억제하는 방안", 『전략논단』 제13권, (2011), p. 65 ; 박창권 기자, "천안함 피격사건의 군사적 교훈과 한국의 대응방향", 코나스넷, 2011.03.22.일자, https://www.konas.net/article/article.asp?idx=24950 (검색일: 2019년 10월 22일)

98) 동성(合同性 : Jointness)이란 "2개 이상의 서로 다른 군종이 공통의 군사목적 달성을 위해 군사적 노력을 조율하고, 전투력을 결합시키는 것"으로 정의될 수 있다. 좀더 쉽게 말하자면 지상군·해군·공군의 협동능력, 즉 팀워크를 뜻한다. 김종하·김재엽 공저, 『군사혁신(RMA)과 한국군』, 북코리아(2008), p.162.

99) 이재림 기자, "대전 자운대서 합동군사대학교 창설식", 연합뉴스, 2011.12.01.일자, https://news.naver.com/main/read.nhn?mode=LSD&mid=sec&sid1=100&oid=001&aid=0005399755 (검색일: 2019년 10월 22일)

나) 합동 신속 대응부대 필요성

(1) 위기 발생 시 대응 속도의 중요성

한반도 내에서 전통적인 안보 위기가 발생할 수 있는 서북 도서 및 해역이나 독도, 이어도 등은 육지로부터 수십~수백 킬로미터 이격 되어있다. 이러한 현실적인 제한사항이 있음에도 불구하고 항상 높은 수준의 방어력을 배비해야 한다면 전력 운용에 대한 부담과 경제적 부담이 가중될 것이다.

그렇기에 효율적인 전력 운용을 위해서 위기 상황을 고려하여 추가적인 전력을 신속히 투입하여 위기 이전 단계로 환원시킬 수 있는 태세를 유지하는 것이 더욱 효과적인 대비책이라 할 수 있다.

이와 함께 잠재적 위협을 고려해 보았을 때 독도, 이어도에서의 분쟁 발생 시 해군과 공군 위주의 지원능력을 어떻게 활용할 것인지 종합적인 대비책에 대한 실질적인 행동도 구체화 해야 한다.

즉, 독도 및 이어도 일대에서의 위기에 대한 대응 능력의 향상은 다양한 자원과 수단을 이용하여 대응 속도를 향상할 수 있도록 항공자산과 특수전 전력 등을 신속히 결합하여 발생할 수 있는 사태에 신속하게 대응할 수 있도록 속도에 중점을 두고 발전시켜 나가야 한다.[100]

최근 다양한 위기 상황 발생 시 신속히 대처할 수 있는 능력을 함양하기 위한 훈련들이 진행되고 있는데, 2019년 8월 25~26일까지 육군 특전사 병력과 해군 이지스 구축함까지 최초로 투입되어

100) 안광수 등, 『전게서』, pp.72~73.

독도 방어 훈련을 시행한 바 있다.[101]

이처럼 지상군·해군·공군이 함께 참여한 위기 대응 훈련은 지속해서 발전시켜 나가야 실제 유사시 전력을 투사하고 행동으로 보여줌으로써 국가의 위기 상황에 신속한 대응이 가능할 수 있을 것이다.

(2) 지상군·해군·공군의 통합성 제고

한반도는 삼면이 바다로 둘러싸여 대륙과 해양으로부터 위협이 동시에 존재하며, 협소한 영토 면적 때문에 유사시 외부 위협 세력의 기습 침공에 따른 전 국토의 전장화 위험이 매우 높다고 할 수 있다. 그렇기에 지상군·해군·공군 가운데 어느 하나의 군이 아닌 최소 2개 이상의 군이 하나의 팀으로서 임무를 수행하는 방식으로 대처해 나가야 한다.[102]

한국은 군별로 독자적인 작전영역을 구축하고 있으며 그에 적절한 전력들로 구성되어 있다. 그러나 각 군이 보유하고 있는 무기체계의 발전은 군의 독자적인 작전영역의 중첩으로 나타나고 있으며, 이에 따라 합동성이라는 명제로 각 군의 능력을 통합시키려는 노력이 진행되고 있다. 이러한 통합성 제고 노력은 경제적이고 효과적인 군 전력의 운용 측면에서도 중요하며 궁극적으로 작전의 성공을 위하여 필수적이라 할 수 있다.

예를 들어 지상군은 미래 예기치 못한 다양한 위기 상황에 대한 융통성을 지닌 지상에서 운영할 수 있는 전력을 유지하고 있으며,

101) 이근평 기자, "독도방어훈련 이지스함·특전사 첫 투입", 중앙일보, 2019.08. 26.일자, https://news.joins.com/article/23561598 (검색일: 2019년 11월 30일)
102) 김종하·김재엽 공저, 『군사혁신(RMA)과 한국군』, 북코리아(2008), pp.465~467.

해군은 해양에서의 기동성과 융통성 그리고 공군은 최근 전력화된 F-35를 비롯한 여러 최신 전투기들이 보유하고 있다. 이러한 각 군의 장점을 활용할 수 있는 기동력과 화력을 효과적으로 통합시킴으로써 미래 다양한 형태의 위기에 신속히 대응할 수 있는 능력을 극대화 할 수 있다.103)

2) 합동 신속 대응부대 역할 고찰

가) 전통적 안보 분야 위기에 대한 역할

(1) 위기 억제에 기여

한반도의 직접적인 위협이라 할 수 있는 북한으로부터 야기되는 국지도발과 분쟁 그리고 잠재적인 위협이 발생할 수 있으며, 이에 대한 억제는 실질적인 능력을 현시할 수 있을 때 가능하다고 할 수 있다. 현재 합동 전력으로 구성된 기동 및 화력 능력은 북한이나 잠재적 위협이 도발 및 분쟁을 야기할 시 감수해야 할 대가 혹은 위험이 상당하다는 것을 인지 시켜줌으로써 억제를 달성할 수 있다.104)

(2) 위기 대응에 기여

안보 관련 위기가 발생 시 대응의 핵심은 위기 상황을 조기에 통제하고 위기가 지리적으로 확산하는 것을 방지하고 및 위기가 확산하는 것을 감소시키는 것이라 할 수 있다. 특히, 위기 징후 식별 시 합동 신속 대응부대를 현장에 투입시켜 위기를 조기에 통제함으로

103) 안광수 등, 『전게서』, pp.73~74.
104) 『상게서』, pp.79~80.

써 위기의 고조나 확산 가능성을 감소시키는데 기여할 수 있다.[105)]

이러한 점을 고려 시 합동 신속 대응부대는 국가의 이익을 보호하고 국민의 생명과 재산을 보호하는데 구체적인 행동으로 보여줌으로써 국가안보에 크게 기여 할 수 있다.

(3) 위기 복구에 기여

위기 복구란 위기로 인하여 발생한 피해를 위기 이전의 상태로 회복시키기 위한 제반 활동이며, 위기 복구는 응급복구 및 단기복구, 재발 방지와 위기에 취약한 구조적·근본적 원인을 제거하는 장기복구로 구분이 가능[106)]하다.

위기 복구 단계에서 합동 신속 대응부대의 역할은 현장에 배비된 전력과 함께 현장의 방어태세를 위기가 발생하기 이전의 상태로 회복하거나 방어에 취약한 부분을 도출하여 강화하는 임무를 수행한다.

무엇보다도 도발 현장의 대비태세를 복구하고 위기 이전의 안정 상태로 회복될 수 있게끔 합동 신속 대응부대는 실제적인 행동을 취하며 다음 위기에 대한 대응을 위한 제반 준비를 해야 한다.[107)]

나) 비전통적 안보 분야 위기에 대한 역할

(1) 사이버 위협에 대응

불특정한 주체에 의한 사이버 공격 시 합동 신속 대응부대에 해당 분야의 전문적 지식을 지니고 있는 사이버·전자전 부대를 편성

105) 『상게서』, pp.80~81.
106) 김열수, 『21세기 국가위기관리체제론』, 오름(2005), pp.47~48.
107) 안광수 등, 『전게서』, pp.81~82.

하여 신속히 투입해 사이버 위협을 차단하고 확산하지 않도록 초기 조치 역할을 수행할 수 있다.

주지하다시피 현재 한국을 포함한 많은 국가가 사이버 위협에 노출되어 있으며, 사이버를 이용한 공격에 직면할 시 적절한 초기조치를 취하지 못하게 된다면 많은 인적·물적 피해가 발생할 수 있다. 그렇기에 유사시 상황에 대비한 합동 신속 대응부대의 역할은 필요하며 미리 준비해 놓지 않으면 많은 어려움에 직면하게 된다.

(2) 전염병 및 원전 사고 위협에 대응

과거 2002년 5월 경기도와 충청북도 일대에 구제역이 발생하였을 때 군은 이동통제를 통하여 구제역이 확산하는 것을 방지하는데 기여했으며, 2019년 아프리카 돼지열병의 확산을 방지하는 데에도 일정한 역할을 담당하는 등 비전통적 안보 문제에 대해 적극적으로 대응하고 있다. 이런 점을 고려 시 만약 대규모 전염병 위협 시 해당 분야 전문부대가 편조된 '합동 신속 대응부대'의 투입을 통한 전염병 확산을 방지하는 역할을 수행할 수 있다.

최근 코로나-19로 인한 전 세계적인 전염병 확산과 이로 인한 국민적 어려움에 봉착 했을 때에도, 특히, 대구·경북지역에 집단 환자 발생 시 국군대전병원과 국군대구병원을 감염병 전담병원으로 신속하게 임무 전환하고 군 의료 인력을 집중적으로 지원함으로써 국가적 위기를 타개하는 데 도움을 주었다.

이처럼 군은 비전통적 안보와 관련된 전염병 사태에 대해 일정 부분 역할을 수행하고 있으며, 해당 분야에 대한 더욱 관심과 대응

능력을 지속 구비해 나가야 하고 부족한 능력에 대해서는 지속 보완해 나가야 유사시 국민의 생명과 재산을 지키는데 일조할 수 있다.[108]

미래 발생할 수 있는 테러나 재해·재난에 따른 원전 사고로 인한 위기 초래 시 해당 분야 전문부대가 편조된 '합동 신속 대응부대'를 투입하여 초기조치 및 복구지원 그리고 주민의 안전을 확보하기 위한 임무를 수행할 수 있을 것이다.

(3) 에너지 안보에 기여

'에너지 안보'란 생존과 번영을 위한 수준의 에너지를 지속해서 적정한 가격에 안정적으로 확보할 수 있는 상황을 의미한다.[109] 특히, 한국은 에너지의 안정적인 공급을 통해 수출품을 생산하고 있기에 에너지 안보를 달성은 그 무엇보다도 중요한 국가적 과제라 할 수 있다.

최근 언론을 통해 알고 있겠지만 국제 이슈로 논의되고 있는 호르무즈 해협 문제는 에너지 안보 문제와 직결되어 있다고 할 수 있다. 왜냐하면 호르무즈 해협을 통해 매일 2,100만 배럴의 석유 및 석유 파생상품(전 세계 석유 및 석유 파생상품의 21%)이 출하되고 있으며, 이

108) 양지웅 기자, "아프리카돼지열병과의 사투 50일째…강원도, 차단 방역 온 힘", 연합뉴스, 2019.11.05.일자, https://www.yna.co.kr/view/AKR20191105067200062 (검색일: 2019년 11월 24일) ; http://kookbang.dema.mil.kr/newsWeb/m/20200618/1/BBSMSTR_000000010021/view.do (검색일: 2019년 11월 24일)

109) 김상배·신범식 엮음, 『한반도 신흥안보의 세계정치 : 복합지정학의 시각』, 사회평론아카데미(2017), p.325.

가운데 76%가 중국, 인도, 한국, 일본, 싱가포르 등 아시아 국가로 향하고 있다. 그러므로 한국의 생존과 번영을 위해 에너지를 안정적으로 수급하는데 있어 합동 신속 대응부대는 직·간접적으로 해양 수송로 안전 확보에 기여할 수 있다.[110]

(4) 이주 및 난민 문제에 대응

시리아, 예멘 사태로 인한 불법 이주자 및 난민의 국내 유입 문제는 안보문제와 연계되는 모습으로 나타나고 있다. 2015년 시리아 사태 이후 유럽에서 '이주자 위기'가 발생하면서 해당 문제는 더욱 명백해졌다. 시리아 사태로 인해 근래 들어 가장 대규모의 이주자가 발생했다.[111]

특히, 2019년 6월 제주도에 500여 명이 유입되어 이슈화되었는데, 만약 그보다도 많은 대량 난민이 한국의 영토에 유입될 시 이를 조기에 식별 및 조치하고 인도주의적으로 대응할 수 있는 신속성과 기동성을 지닌 합동 신속 대응부대를 투입한다면 보다 안정적인 모습으로 문제를 해결하는데 많이 기여할 수 있다.[112]

110) 김환용 편집위원, "호르무즈해협, 세계 에너지 안보에서 왜 중요한가?", 글로벌-Biz, 2019.07.15.일자, http://www.g-enews.com/view.php?ud=201907150907254569f806fa96c5_1&mobile=1 (검색일: 2019년 11월 24일)
111) John Baylis, Steve Smith, Patricia Owens, The Globalization of World Politics : An Introduction to International Relations 7th ed. (New York: Oxford University, 2017), p.151.
112) 김상배·신범식 엮음, 『전게서』, pp.227~254 ; http://news.khan.co.kr/khnews/khan_art_view.html?art_id=201806212111035 (검색일: 2019년 11월 24일)

3절 선진 국가의 신속 대응부대 효과 분석

1) NATO 신속 대응군 운용 시 효과

NATO 신속 대응군은 북대서양 조약 기구가 2002년 창설한 다국적 군사 조직으로, NATO의 단일 작전권 아래에 두는 최초의 부대이다. 전 세계 어디든지 5일 안에 1차 선발부대를 투입할 수 있고, 나머지 병력은 약 1개월 이내에 배치할 수 있다. 도널드 럼즈펠드 미국 전(前) 국방부 장관이 기획했으며, 2002년 11월 프라하에서 열리는 NATO 정상회의에서 조지 W. 부시 미국 전(前) 대통령이 대응군 창설을 정식 제안했다.

이후 2003년 10월 15일 NATO군사령부로부터 대응군 사령부가 지휘권을 넘겨받았다. 21세기형 NATO 변혁의 상징으로 간주하고 있는 NATO 신속 대응군(NRF, NATO Response Force)는 지상군·해군·공군 및 특수부대 2만5000명 규모로 구성되며, 5일 내 지구상의 어디든지 출동해 임무를 수행할 수 있는 작전능력을 갖추고 있다.113)

가) 긍정적 효과

NATO 신속 대응군 운용 시 긍정적 효과는 첫째, 여단급 육군부대, 해군의 상륙·지원전단, 공군의 전투기 및 공중급유기, 공중조기 경보통제기 등을 갖춘 합동원정군으로 구성되어 기민한 대응이 가능한 조직으로 상시 편성되어 있다는 점이다. 이러한 상시 편성은 유럽 지역 내 다양한 위기 발생 시 신속히 대응할 수 있는

113) https://ko.wikipedia.org/wiki/NATO_대응군 (검색일: 2019년 11월 24일)

능력을 구비하고 있음을 의미한다.

둘째, 5일 이내에 세계 어느 지역으로든 투입되어 1개월 독자 임무 수행이 가능하다는 점이다. 상기한 바와 같이 신속대응군은 지상군·해군·공군으로 구성되어 위기 발생 지역으로 신속히 이동이 가능하고 1개월 독자적으로 임무를 수행할 수 있어서 신속한 위기 이전 단계로 복구시키는 역할 수행이 가능함을 의미한다.

셋째, 임무범위가 평화유지, 대테러 작전, 인도주의적 지원 등 광범위하여 다양한 임무 수행이 가능하다는 점이다.[114] 과거 1999년 NATO는 대규모 공습으로 코소보전에서 세르비아군을 몰아낸 이후 유엔을 도와 코소보의 평화유지 임무를 수행했으며, 이와 같은 임무 외 대테러 작전 및 인도주의적 지원 작전 등 위기 발생 시 다양한 임무 수행이 가능한 능력과 태세를 구비하고 있다.

나) 부정적 효과

반면에 NATO 신속 대응군 운용 시 부정적 효과는 첫째, 유럽의 다수국가와 미국의 참여로 협동작전에 있어 실질적인 통합성 극대화를 기대하는 데 는 제한적이라는 점이다. 왜냐하면 과거 코소보전에서 세르비아 공습을 위한 총 출격횟수의 60% 이상을 담당해야 했던 미국 측 정책결정자들 역시 유럽 동맹국들의 군사력이 예상에 크게 미치지 못한다는 데 대해 우려를 표시했듯이 미국과 NATO간 전략적·기술적 긴밀한 협력이 제한되는 행태를 보였기 때문이다.[115]

114) 김종하·김재엽 공저, 『전게서』, p.263.
115) 김준석, 『21세기 미국-유럽 동맹관계의 변환』, 동아시아연구원(2009), p.8.

둘째, 위기 상황 발생 시 대비하기 위한 사전 통합 연습·훈련 소요 증대에 부합된 장비 구비와 훈련 여건 보장이 미비하다는 점이다. 과거 2003년 NATO가 지휘권을 넘겨받은 후 국제안보지원군(ISAF, International Security Assistance Force)는 만성적인 병력 부족 현상에 시달려 왔다. 2008년 당시 군사 작전수행에 필요한 수준의 80~85% 정도만 충족시키는 상황이었으며, 그 당시 유럽의 많은 국가가 지상군 병력 중 70% 이상이 낡은 장비와 훈련 부족으로 인해 많은 제한사항이 드러나고 있다.116)

셋째, 다양한 위기 상황 발생 시 신속 대응군 운용에 따른 비용이 발생하게 되어 각각의 국가 재정에 압박요인으로 작용한다는 점이다. 현재 유럽의 대표 국가인 독일과 프랑스조차 NATO 분담금 액수가 기준인 국내총생산(GDP)의 2%에 못 미쳐 미국의 비아냥을 받고 있는 상황이다.117)

2) 미국 신속 대응군(스트라이커 여단) 운용 시 효과

미국에서 유사 시 항공기로 세계 어느 곳 이라도 96시간 안에 전개할 수 있는 능력을 구비토록 만들어진 조직이 바로 스트라이커 여단이며, 2000년대 미 육군의 재편성 프로그램에 따라 만들어졌다. 현재 2개 스트라이커 여단은 미 제2보병사단 소속 이지만 평시에는 미국 육군과 공군의 합동기지인 워싱턴주 포트 루이스-맥코드

116) 『상계서』, p.9.
117) 김광수 기자, "꿈일까 몽상일까... 프랑스 · 독일, 유럽 군대 창설 모처럼 의기투합", 한국일보, 2018.11.26.일자, https://www.hankookilbo.com/News/Read/201811141728741037 (검색일: 2019년 11월 24일)

기지에서 제7보병사단에 행정 배속됐다. 해당 기지에는 2개의 항공수송비행단이 주둔하고 있어 스트라이커 여단의 신속한 이동을 보장해 주고 있다.118)

가) 긍정적 효과

미국의 신속 대응군 운용 시 긍정적 효과는 첫째, 여단급으로 대대급의 포병, 기동정찰, 전투 근무(정보, 공병 포함), 그리고 지원(의무, 보급 포함) 등을 갖추어 유사시 신속 대응 가능토록 상시 편성되어 있다는 점이다. 이러한 상시 편성된 부대들은 각종 훈련과 전술을 연마하며 능력을 배양하며 다양한 임무를 수행할 수 있는 태세를 구비하고 있다.

둘째, 4일 이내에 세계 어느 지역으로든 가장 먼저 투입되어 일정 기간 독립적으로 임무수행이 가능하다. 전술했듯이, 스트라이커 여단은 공군 항공수송비행단과 함께 기지에 주둔하고 있어 임의 지역으로 신속히 이동할 수 있는 태세를 갖추고 있다.

셋째, 다양한 임무를 수행할 수 있는 능력을 지니고 있다는 점이다. 제병협동부대로 편성되어 있어 임무 가능 범위를 살펴보면 평화유지, 대테러 작전, 인도주의적 지원 등 다양한 역할을 수행할 수 있게끔 편성되어 있다.119)

118) 이철재 기자, "미 육군의 신속대응 전력인 스트라이커 부대, 한국에 전개", 중앙일보, 2017.03.29.일자, https://news.joins.com/article/21416591; https://ko.wikipedia.org/wiki/루이스-맥코드_합동기지 (검색일: 2019년 11월 24일)

119) 김종하·김재엽 공저, 『전게서』, pp.207~209.

나) 부정적 효과

미국의 신속 대응군 운용 시 부정적 효과는 첫째, 여단급 예하 장비의 경량화에 따른 생존성이 취약할 수 있다는 점이다. 이라크 전시 스트라이커 장갑차는 급조폭발물과 지뢰 등에 의해서 큰 피해를 입은바 있다.

둘째, 여단은 일정 기간 독자 임무를 수행하지만 비교적 짧은 작전 수행 능력을 보유하고 있다는 점이다. 스트라이커 여단은 제한된 방호 및 정찰능력을 지니고 있으며, 신속 대응에 초점을 두어 장기간 임무 수행에 필요한 지속지원 없이는 많은 제한사항이 노정될 수밖에 없는 상황에 있다.[120]

셋째, 여단은 초기 상황에 대한 대응과 후속 부대의 투입여건을 보장하는 등 제한된 역할만 수행한다. 예컨대, 특정 상황이 발생한 지역에 투입되어 후발 병력이 올 때까지 적의 공격을 막는 한편, 뒤이어 오는 부대가 안착할 수 있도록 활주로나 기지를 확보하는 임무를 수행함으로써 일정한 역할만 수행함으로써 한계를 지니고 있다.[121]

120) Douglas A. Macgregor, Transformation Under Fire : Revolutionizing How America Fights, (Santa Barbara, C.A.: Praeger Publishers, 2003), p.19.

121) 안광수 등, 『전계서』, pp.46~48.

4절 선진 국가의 신속 대응부대 SWOT 분석을 통한 한국군 고려사항

1) SWOT 분석을 통한 고려사항 도출

SWOT(Strength Weakness Opportunity Threat) 분석은 1960년대에 미국에서 경영학 분석 방법으로 사용되기 시작하면서 널리 알려졌으며, 간결하고 응용범위가 넓어 다양한 학문 분야에서 강점(Strength)·약점(Weakness)·기회(Opportunity)·위협(Threat)요소를 분석하는데 널리 사용되고 있다.[122] 이러한 분석기법을 토대로 선진 국가들이 운용하고 있는 신속 대응부대 각각의 요소별 주요 내용을 분석해 봄으로써 한국군이 신속 대응부대 창설 시 고려사항을 도출해 보고자 한다.

가) 강점요소

NATO는 1992년과 1995년 사이 구(舊) 유고슬라비아의 지속되었던 분쟁 중에 보스니아 분쟁을 종식시키기 위한 데이튼 평화협정의 군사적 측면을 수행하는 등 UN(United Nation, 국제연합)이 추구하는 국제평화에 실질적으로 기여하고 있다. 이러한 전쟁수행 경험을 토대로 지속적인 발전을 통해 미국 주도로 시작된 2001년 아프가니스탄 전쟁에 참여하여 NATO 주도의 국제안보지원군이 지휘권을 인계 받는 등 평화작전에 지속 참여하여 국제 안보에 위협되는 상황을 상쇄시키며 평화를 보존하는데 중요한 역할을 수행하고 있으며, 이러한 요소는 강점요소로 볼 수 있다.[123]

122) 전일욱, “한국 사드(THAAD)배치 결정에 대한 SWOT분석”, 『한국동북아논총』 제81호, (2016), pp.162~163.

미국은 2003년 이라크전 이후 세계 전략적 관점에서 해외주둔 미군의 재배치를 추진했으며, 어느 지역에도 신속 투입이 가능하고 동시 다발적인 작전을 수행할 수 있는 이른바 '모듈형 군대'로 개편했다. 이러한 맥락 속에서 등장하게 된 스트라이커 여단은 작고 독립적으로 활용할 수 있다는 강점요소를 지니고 있다.[124)]

나) 약점요소

국가적 또는 국제적 위기상황이 발생하게 되면 NATO의 회원국들은 북대서양 이사회의 틀에서 군사력의 전개와 이용에 관한 모든 결정 권한이 회원국의 정치적 권위에 의해서 결정되는 구조를 띄고 있다. 이는 군사력 사용에 대한 신중한 결정이 이루어진다는 측면도 있지만, 초기 위기상황에 신속히 대응할 수 있는 적실성을 상실할 수 있다는 약점요소로 작용할 수도 있다.[125)]

2003년 이라크전 이후 미국의 세계전략 차원의 변화로 창설된 여단급 중심의 미군 재편은 독립적이고 신속한 이동이 가능한 강점을 지니고 있는 반면에 최근 언론을 통해 회자되고 있는 주독미군 철수 내용에서 보면 알 수 있듯이, 미국은 해외주둔 미군에 대한 변화 및 철수를 보다 쉽게 결정할 수 있는 요인으로 작용하고 있다.

미국은 주독미군 철수 시 일부 병력을 유럽 내 다른 국가로 이동

123) NATO Office of Information & Press 저자, 『NATO의 실상과 이해』, 한용섭·박휘락 역, 국방대학교 안보문제연구소(2007), pp.32~33.
124) 김정호 기자, "윤곽드러나는 주한미군 재편/1여단 병력증강 "기갑 UA"로", 한국일보, 2004.08.23.일자, hhttps://m.hankookilbo.com/News/Read/200408230035627030 (검색일: 2019년 10월 22일)
125) 한용섭·박휘락 역, 『전게서』, p.37.

시키겠다고 언급한 내용을 보면 쉽게 알 수 있다.126) 이처럼 미군의 스트라이커 부대는 동맹국들과의 쟁점과 문제를 안길 수 있는 약점요소로 작용할 소지가 있다.

다) 기회요소

NATO의 신속 대응부대는 회원 국가의 군사력 구조 사이에서 상호운용성을 강화할 수 있는 기회의 창이 마련될 것으로 예상된다. NATO의 신속 대응부대의 작전운용개념 및 전력체계에 대해 다른 회원국들은 장점들을 직접 체험할 수 있는 기회를 얻을 수 있을 뿐만 아니라, 그것을 자국의 국방력 개선에 직접 적용해 볼 수 있는 기회를 가질 수 있다.

미군의 스트라이커 부대는 전 세계의 미군 주둔 지역에 순환배치됨으로써 다양한 지역에서 여러 경험을 해 볼 수 있는 기회를 얻게 된다. 최근 언론을 통해 소개된 미국 본토의 기갑여단이 한국에 순환 배치되어 한국의 작전환경을 경험할 수 있게 됐다는 내용은 이를 대변해 준다.127)

라) 위협요소

2020년 3월 기준으로 30개국이 NATO의 회원국이며, 15개국이

126) 박현영 기자, "결국 주독미군 1만2000명 감축…트럼프·에스퍼 변명 달랐다", 중앙일보, 2020.07.30.일자, https://news.joins.com/article/23836913 (검색일: 2019년 10월 22일)

127) 김귀근 기자, "미 본토 기갑여단, 한국에 순환배치.."한국 작전환경 경험"", 연합일보, 2020.10.15.일자, https://news.v.daum.net/v/20201015165046468?x_trkm=t (검색일: 2020년 10월 22일)

개별적으로 제도화된 대화 및 회담의 가입국이다. 특히, NATO와 유럽연합에 공통적으로 속하는 21개 유럽국가들의 안보정책은 통일적인 입장을 갖고 있지 않을 뿐만 아니라 NATO와 유럽연합과의 관계에 대해서도 다양한 입장을 갖고 있다. 즉, 미국 및 NATO와의 안보협력 강화를 강조하는 영국·포르투갈·스페인, 그리고 탈냉전 시기에 NATO와 유럽연합 회원국이 된 중동유럽 국가들로 대표되는 소위 대서양주의 국가들, 전통적으로 유럽의 독자 안보를 강조하면서 유럽연합의 안보정책을 우선시하는 프랑스로 상징되는 유럽주의 국가들로 크게 나뉜다.

위와 같은 두 부류의 입장 차이는 NATO의 발전에 대한 의견을 조율할 때 갈등 요인으로 작용하고 있다. 예컨대, 대서양주의자는 안보 위협을 다루는데 있어 NATO 신속 대응부대를 선호하는 반면 유럽주의자들은 유럽연합의 옵션을 선호하는 경향을 보인다.[128] 이러한 경향은 안보 문제를 해결함에 있어서 정치적 영향력이 크게 작용한다는 의미이며, 적시성이 결여된 결정으로 신속 대응부대가 투입 시 효과적인 작전을 수행하지 못하게 됨으로써 NATO의 단결력과 지속성, 유용성에 대한 위협요소로 작용할 소지가 있다.

미군의 스트라이커 여단은 독립적인 작전수행 능력을 지니고 있어서 광범위한 지역에서 다양한 임무를 수행할 수 있게 된다. 즉, 전략적 유연성을 지닌 신속 대응부대로서 역할을 수행 할 수 있다. 하지만 만약 특징 지역 밖에서 분쟁이 발생 했을 경우 다른 지역에 전개

128) 이수형, 『북대서양조약기구(NATO) 이론·역사·쟁점』, 서강대학교 출판부(2012), pp.353~354.

되어 있는 스트라이커 부대가 또 다른 지역으로 임무가 전환되어 제3국과의 교전이 발생하게 된다면 이는 최초 주둔에 있던 국가가 원치 않는 분쟁에 휘말릴 수 있는 위협요소로 작용할 소지가 있다.

〈표 4-1 SWOT분석에 따른 내용 정리〉

S (강점)	· 국제평화에 실질적 기여 (NATO) · 평화작전에 지속 참여하여 국제 안보에 위협되는 상황을 상쇄시키며 평화보존 (NATO) · 어느 지역에도 미군을 신속 투입 가능 하고, '모듈형 군대' 개편 (美 스트라이커)	W (약점)	· 군사력의 전개와 이용에 관한 모든 결정권한이 회원국의 정치적 권위에 의해 결정되는 구조로 초기 위기상황 시 신속 대응 적실성 상실 우려 (NATO) · 해외주둔 미군에 대한 변화 및 철수 보다 쉽게 결정 가능 (美 스트라이커)
O (기회)	· 신속 대응부대와 회원국가 간 상호운용성 강화 계기 마련 (NATO) · 신속 대응부대의 작전운용개념 및 전력체계에 대해 원국들 직접 체험 기회 창출 (NATO) · 다양한 지역에서 여러 경험 계기 마련 (美 스트라이커)	T (위협)	· 주요 군사문제 결정 시 두 부류의 입장 차이로 갈등 발생 (NATO) · 전략적 유연성을 지닌 미군 부대가 다른 지역으로 임무 전환 시 주둔국가가 원치 않는 분쟁에 휘말릴 가능성 상존 (美 스트라이커)

2) 한국군 신속 대응부대 창설 시 고려사항

선진 국가에서 운용하고 있는 신속 대응부대를 SWOT 분석기법을 활용해서 강점·약점·기회·위협요소를 도출해 보았다. 이러한 분석 내용을 토대로 만약 한국군에 신속 대응부대가 창설 시 각 요소별 고려해야 할 내용이 무엇이 있는지 제시코자 한다.

가) 강점요소

NATO의 신속 대응부대, 미군의 스트라이커 여단이 등장하게 된 배경은 각 국가들이 처해 있는 국제 안보환경의 변화에 대응하기 위한 일환의 대응임을 확인한 바와 같이, 한국군도 현재 미래전쟁 환경이 변화하고 있고 그 변화에 발맞춰서 지상군, 해군, 공군의 능력이 통합되어 합동성이 증대되는 방향으로 나아가야 된다는 담론이 형성되어 있다.129)

이러한 논의 속에서 합동 신속 대응부대의 창설에 따른 한국군의 합동작전 능력이 제고될 수 있다면 이는 분명 한국군의 강점요소로 작용할 수 있을 것이다.

나) 약점요소

합동성을 강화하기 일환의 방안으로서 논의되는 합동 신속 대응부대 창설이 특정 군의 전력을 강화하는 논리 근거로 사용할 수 있다는 점은 약점요소로 볼 수 있다. 예컨대, NATO의 신속 대응부대나 미군의 스트라이커 여단의 창설은 유럽을 전장으로 제1, 2차 세계대전을 거치면서 유럽 국가 및 미국의 군대는 지상군과 해군, 공군 간 합동작전을 수행하면서 발전해 왔다.

반면에 한국군은 1950년 북한의 남침으로 발발된 6·25전쟁에서 지상군은 한국군이 일정 부분 역할을 수행했지만 해군과 공군은 UN군 주도로 역할을 수행함으로써 한국군 주도의 지상군·해군·공군

129) 노훈·조관호, "군 상부구조 개편 : 동기와 구현방향", 『전략연구』 제51호, (2011), p.53.

의 합동작전에 대한 충분한 경험이 부족했다. 이후 한국군 국방개혁을 위한 논의에서 여러 개혁 문건을 보면 각 군간의 의견 일치가 상당히 어렵다는 것을 확인할 수 있었다.130)

이러한 부족한 경험은 합동 신속 대응부대 창설 논의 가운데서도 특정 군 중심으로 논의될 가능성이 있는 바 이를 통한 갈등 양상이 노출되면 분명 약점요소로 작용할 수 있을 것이다.

다) 기회요소

합동 신속 대응부대가 창설 시 지상군·해군·공군 조직 편성 비율을 어떻게 할 것인가? 전통적 안보 분야와 비전통적 안보 분야에 대응할 수 있는 지상군·해군·공군을 통합적으로 운용할 합동교리는 무엇인가? 등 합동성을 강화할 수 있는 방향으로 많은 논의가 이루어 질 수 있는 계기를 마련해 줄 것이다.

더 중요한 것은 지상군·해군·공군의 구성원이 직접 얼굴을 맞대고 의견을 나누며, 땀을 흘린다면 구성원간 끈끈한 신뢰관계를 형성할 수 있다는 점이다. 이는 분명히 한국군이 갖게 되는 기회요소로 볼 수 있다.

라) 위협요소

합동 신속 대응부대가 창설 논의가 한반도 주변국에게 군비증강의 모습으로 비춰질 수 있다. 즉, 미래 변화하는 안보환경에 대응하

130) 김동한, "역대 정부의 군구조 개편 계획과 정책적 함의", 『국가전략』 제17권 1호, (2011), pp.80~89.

기 위한 국방개혁의 차원의 노력이 타국에게 위협요소로 잘못 인식될 수 있다는 점이다.

그렇기에 합동 신속 대응부대의 역할 중에 비전통적 안보 문제를 해결하기 위한 대응 수단으로 활용된다는 점을 부각시킬 필요가 있으며, 전략적 의사소통을 강화하며 자칫 안보딜레마에 빠지는 실수를 범하지 않도록 각별한 관심을 가져야 할 것이다.

5절 우리는 무엇을 준비해야 하나? : 합동 신속 대응부대 창설 시 효과 분석

1) 합동 신속 대응부대 창설 시 긍정적 효과

가) 전략 / 교리 분야[131)]

상기에서 살펴본 미국의 경우를 적용해 보면 스트라이커 여단 창설은 국가급 및 국방부 수준에서의 전략을 현시하기 위한 활동의 일환으로서 진행되었다. 물론 한국도 국가급 및 국방부 수준에서의 명확한 국가안보전략 수준의 필요 때문에 '합동 신속 대응부대'가 창설되는 방안으로 논의되는 것이 가장 이상적인 절차라 할 수 있다.

그러나 현재 합동 신속 대응부대 창설 논의가 'Top-Down' 방식으로 이루어지고 있지 못한 것이 현실이다. 과거 1차 세계대전이후

131) 군사혁신은 전략 / 교리, 군사기술, 조직 / 편성이라는 구성요소들이 혁신을 통한 전투효과가 증폭 될 수 있도록 발전시켜 나가는 활동이라는 정의를 적용하여 합동 신속 대응부대 창설 시 효과 분석을 시도해 보고자 한다.
박봉규, "군사혁신의 이론과 실제 : 미국 군사혁신의 전개과정을 중심으로", 『아세아연구』 제46권 1호, (2003), p.215.

독일이 창안한 제병협동 개념의 발전은 독일이 처한 전략적 환경에 기인하고 있다고 지적했다.132) 이처럼 만약 어떤 내·외부적 환경 변화에 따른 전략적 수준에서 '합동 신속 대응부대'의 창설 방안이 제기된다면, 전략 / 교리 분야에서는 어떠한 긍정적 효과가 나타낼 것이라 예상해 볼 수 있을까?

첫째, 전략적 수준133)의 '합동 군사전략' 발전을 위한 구체적·실체적 시험 부대 역할을 할 수 있을 것으로 예상된다. 미국을 비롯한 많은 선진 국가들은 전략적 수준의 안보개념을 제시하며 이를 구현하기 위한 다양한 층위의 전략문서를 발표하고 있다.

이처럼 한국군도 미래 다양한 위협에 대비하기 위한 군사전략을 발전시키기 위해서는 '합동 신속 대응부대'와 같은 실질적인 부대의 운용을 통해서 합동군의 긍정적 효과를 극대화하고 부정적 효과를 상쇄시킬 수 있는 '합동 군사전략'을 창안하는데 있어 많은 시사점을 제공하는 역할을 할 것이다.

둘째, '합동 교리'를 적용할 수 있는 부대 역할 수행이 가능하고, 새로운 '합동 교리'를 제안할 수 있는 작전술 수준 부대들의 현장 목소리 청취할 수 있는 발전적 토대가 마련될 수 있다. 사실 부대 운영을 통한 교리발전이 먼저냐? 아니면 교리발전을 통한 부대 운

132) Williamson Murray and Allan R.Millett, Military Innovation in the Interwar Period, (New York, N.Y. : Cambridege University Press, 1998), p.339.

133) 전쟁의 수준은 전략적, 작전적, 전술적 수준으로 구분하며 국가전략목표와 전술행동 간의 연계성을 명확하게 하기 위한 관념적 구분임.
한국군사문제연구원, "미래전에 대비한 합동작전 기본개념 발전방향", 2016-5차 정책포럼 결과보고서, 한국군사문제연구원(2016), p.9.

영이 먼저냐? 하는 논란이 있을 수 있겠지만, 이는 어느 한 편에 치우치는 것보다는 상호보완적인 역할을 할 수 있을 것이다. 특히, '합동 신속 대응부대'의 운영을 통해 분명 새로운 합동 교리를 창안하고 기존 합동 교리를 보완할 수 있는 역할을 일정 부분 담당할 수 있을 것이다.

셋째, 비전통적 안보 분야에서의 '합동 신속 대응부대'에 필요한 '합동 교리' 개발에 도움이 될 것이다. 전술한 바와 같이 '합동 신속 대응부대'는 전통적 안보 위기 뿐만 아니라 비전통적 안보 위기가 발생할 때도 일정한 역할 수행이 가능하다. 예를 들면 불특정 주체에 의한 사이버 공격 시 군내에 있는 해당 분야 전문가를 신속히 투입하여 초기조치를 취함으로써 위기가 확대되는 것을 차단할 수 있을 것이다. 그리고 이를 통해 '합동 사이버 작전' 수행 시 필요한 능력을 염출할 수 있을 것이며, 조직 / 편성 분야에도 변화를 이끌 수 있는 영향을 미칠 것이다.

최근 야기된 코로나-19 상황과 같은 전염병 위기 시에도 국군의 의료전문가를 투입하여 초기조치를 취하고, 민간병원에서 수용할 수 없는 환자 발생 시 이를 충당할 수 있는 역할까지 일부 담당할 수 있게 될 것이며, 육군의 기동부대, 해군의 수송함대, 공군의 수송기들을 이용하여 전략 의료물자를 전국 각지로 배송하는데 일조할 수 있다.

나) 군사기술 분야

합동 신속 대응부대가 창설 시 군사기술 분야에서 예상해 볼 수 있는 긍정적 효과는 첫째, 3군이 공통전력으로 사용할 수 있는 지휘통제 체계 발전을 선도할 수 있는 기관 역할을 할 것이다. 지금의 지상군·해군·공군의 지휘통제 체계는 다양한 수준에서 다양한 구조로 이루어져 있기에 통합적 효과를 발휘하는데 일부 제한사항이 있으며, 만약 3군이 통합된 합동부대가 창설될 시 보다 통합성을 제고할 수 있는 지휘통제 체계 개발에 대한 필요성을 부각시킬 수 있는 기회가 마련될 것이다.

둘째, 3군 간 상호운용성을 극대화 할 수 있는 구체적인 방안들이 제시되고 실험을 담당하며 미래 전력화 소요를 염출 할 수 있는 부대 역할을 수행 할 것이다. 상기에서 언급한 바와 같이 미래 안보위협은 다양한 영역에서 복합적으로 나타날 것으로 예상되기에 여러 대응 방안을 마련해 놓아야 하며, 3군 간 원활한 소통과 협력이 이루어질 수 있는 체계를 구비해야 성공적인 대응이 가능할 것이다.

셋째, 비전통적 안보 분야에 대응할 수 있는 새로운 '합동 전력'을 창안할 기회를 마련할 것이다. 주지하다시피 미래에는 '신흥안보(Emerging Security)'134)라고 일컫는 사이버 및 전염병, 원전 사고, 이주 및 난민 문제와 관련된 비전통적인 안보 분야에도 '합동 전력'을

134) 신흥안보의 개념은 복잡계 이론과 네트워크 이론, 진화생물학 등에서 생산된 이론적 자원을 기반으로 한다. 신흥안보는 시스템 내 미시적 상호작용이 양적으로 늘어나고 질적으로 변화하여 이른바 '양질전화(良質轉化)' 임계점을 넘어서게 되면, 거시적 차원에서 국가안보를 위협하는 심각한 문제로 전화되는 현상을 지칭한다. 즉 일본의 원전사태, 북한의 사이버 공격, 탈북 및 이주문제 등의 문제가 다른 여러 요소들과 연계되어 사소한 문제들이 국가안보에 영향을 미치는 범위로 확대될 수 있으며, 이는 전통적 안보와 비전통적 안보 개념이 융합되는 모습을 일컫는다. 김상배·신범식 엮음, 『전게서』, pp.28~29.

투입하여 위기를 상쇄시켜야 할 상황이 전개될 수도 있다. 그렇기에 '합동 신속 대응부대'를 운영해 봄으로써 새로운 '합동 전력'을 창안해 볼 수 있는 기회가 창출될 것이다.

예컨대, 미래 합동 사이버·전자전부대의 상시 편성과 해당 부대에 구비되어야 할 사이버 장비 및 휴대용 전파탐지 장비 등 새로운 전력 소요를 염출할 좋은 기회의 역할을 할 수 있을 것이다.

다) 조직 / 편성 분야

해당 분야에서는 첫째, 한국군의 독자적인 전쟁수행에 필요한 창의적인 인적 기반을 토대로 새로운 조직을 설계하고 재조정하는 계기로 활용 가능할 것이다. 2018년 7월 육군은 새로운 안보 환경에 선제적으로 대처하기 위해 육군본부 직할에 '미래혁신연구센터'를 개편하여 미래 첨단과학기술 군으로 도약하기 위한 힘찬 발걸음을 내디뎠다.[135)]

이러한 새로운 조직의 출현은 기타 해군과 공군에 영향을 미치고 있으며, 2019년 1월에는 국방부 내에도 상시 조직은 아니지만 '4차 산업혁명 스마트 국방혁신 추진단' 구성하여 국방운영, 기술기반, 전력체계 3대 혁신 분야 8대 과제를 선정하여 미래전쟁을 준비하고 있다.[136)]

135) 김호준 기자, "육군미래혁신연구센터 발족…"20년 후 육군 청사진 설계"", 연합뉴스, 2018.07.03.일자, https://www.yna.co.kr/view/AKR20180703051800014 (검색일: 2019년 11월 24일)
136) 국방부, '4차 산업혁명 스마트 국방혁신' 전체회의 개최, https://www.gov.kr/portal/ntnadmNews/1990482 (검색일: 2019년 11월 24일)

둘째, 3군 체제를 전투 기능, 임무 기준의 새로운 합동 군종 체제로 변모할 수 있는 실마리로 활용 가능할 것이다. 예를 들어 현재 미군은 합동 특수전 사령부, 합동 전력 사령부 등 전투 기능을 중심으로 하는 여러 조직들을 운용하며 전쟁에 참여하여 일정한 성과를 발휘하고 있다.

이처럼 한국군도 다양한 군종 체제로 변모할 수 있는 새로운 생각을 촉진시키는 기회를 마련케 할 것이다. '합동 신속 대응부대'의 창설을 통해 합동 특수군, 합동 전략군, 합동 기동군, 합동 국제평화지원군 등 진화적 발전을 유도할 수 있는 전초 역할을 수행할 수 있다.

셋째, 비전통적 안보 분야에 대응할 수 있는 다양한 조직 편성을 추동할 수 있는 역할을 수행하는데 기여할 수 있다. 즉, 합동 신속 대응부대 운용을 통해 새로운 영역의 통합을 촉진해, 미래 전장에서 필요할 것으로 예상되는 합동 사이버·전자전 부대, 합동 화생방부대, 합동 민사부대 등을 개편 또는 창설하는데 있어 가교 역할을 할 수 있다.[137]

2) 합동 신속 대응부대 창설 시 부정적 효과

가) 전략 / 교리 분야

상기에서 제시한 바와 같이 긍정적 효과만이 있는 것이 아니라 부정적 효과도 쉽게 예상할 수 있다. 첫째, '전략적 수준' 중심의 '합동 군사전략' 개발에만 천착되어 '작전적 수준' 및 '전술적 수준'

137) 김종하·김재엽 공저, 『전게서』, p.470.

과의 연계성이 결여된 개념이 제시될 수 있다. 예를 들면, '합동 신속 대응부대'가 갖춘 능력만을 고려한 전략을 제시함으로써 작전사령부급이나 군단 및 비행단, 함대급과 연계된 전략개념 창출에는 등한시할 수 있게 되고, 그러한 모습으로 진행된다면 군사대비태세를 격상시키지 못하는 사태가 초래될 가능성도 배제하지 못한다.

둘째, 특정 군의 전력 소요를 제기하는 근거를 제시하는 데 집착하여 합동성 강화와 억제력 제고라는 궁극적 목적에 부합되지 못하는 모습을 나타낼 가능성도 있다. 예컨대, 육군의 전력증강 측면에서 전투원의 워리어 플랫폼, 드론봇(드론+로봇) 전력화나 혹은 공군의 전력증강 측면에서 F-35 스텔스 전투기 도입을 통한 이어도 및 독도에 대한 신속한 대응을 강조하는 모습에만 치중되는 모습으로 비춰질 수도 있다는 점을 유념해야 한다. 특정 군 중심으로 '합동 신속 대응부대'의 구성을 편성하게 된다면 원래 목적, 역할과 기능에 초점을 맞추지 못한 채, 특정 군의 전력소요를 창출하는 근거로 활용할 수 있는 가능성도 배제하지 못하기에 세심한 주의가 필요하다.

나) 군사기술 분야

해당 분야 예상되는 부정적 효과는 첫째, 3군 간 지휘통제 관련 상호운용성을 제고시키기 위한 새로운 링크 및 연결체계 그리고 암호체계 개발 소요가 발생하여 '합동 신속 대응부대' 창설 초기 시 국방예산 증가 원인으로 작용할 수 있다. 합동군 형태의 부대가 창설하게 되면 3군을 통합한 지휘 통제체계에 대한 새로운 개발이나 기존 구조의 개선을 통해서 합동 지휘통제 체계에 대한 예산을 투입해야 하는 상황이 초래될 수 있다.

왜냐하면 위기 발생 시 지상군·해군·공군의 부대들이 출동하여 상호 협조 된 작전을 수행해야 하기 때문이다. 특히, '합동 신속 대응부대'는 전통적 안보 위기 및 비전통적 안보 위기 모두에서 일정한 역할을 수행해야 하기에 3군의 유기적인 협조가 필요하기 때문이다.

둘째, 3군 간 공통전력으로 사용 가능한 지휘 통제체계나 지속지원 분야에 해당하는 정비 및 보급체계에 대한 기술을 특정 군에 유리한 독자적인 체계 개발을 위한 논리 근거로 악용될 소지가 있다. 새로운 제도와 기술이 발전하게 되면 이에 따른 긍정적 효과 뿐만 아니라 부정적 효과나 제한사항이 출현하는 모습은 어쩌면 당연한 모습이라 할 수 있다. 그렇지만 만약에 부정적 효과나 제한사항으로 인해 새로운 제도 및 기술이 무용지물이 된다면 이는 반드시 해결하고 넘어갈 수 있도록 각 군간의 유기적인 소통과 협조가 반드시 필요하다.

'합동 신속 대응부대'가 창설되면 분명 공통으로 적용되는 전력들과 작전 지속지원 분야가 나타날 수 있다. 예컨대, 우주 기반 인공위성을 이용한 지휘 통제체계나 작전 지속지원을 위해 개발된 정비 및 보급체계를 '합동 신속 대응부대' 임무수행을 극대화하기 위해 활용되어야 하나, 특정 군의 전력보강과 독점적인 지속지원 체계에만 사용하려는 우를 범할 가능성도 있기에 세심한 관심과 조정이 필요하다.

다) 조직 / 편성 분야

해당 분야에서 예상되는 부정적 효과는 첫째, 합동 신속 대응부대 예하 모든 부대에 상비조직 편성 시 인원, 장비, 시설 소요 증가로 인한 창설 초기 국방예산 증액을 요구할 가능성이 있다.

탈냉전 이후 경제 분야와 복지 분야에 있어서 국민들의 요구 소요가 증대되어 제한된 재원을 국방 분야에만 투입할 수 없는 국제적·국내적 정치 상황에 놓여있기에 쉽게 국방예산을 반영하기에는 많은 어려움이 따른다.138)

둘째, 첨단무기 및 기동수단의 운용에 필요한 인원, 장비, 시설 관련 확보 문제가 대두될 것이며, 이는 쉽게 해결책을 찾기에는 많은 시간이 소요될 것으로 예상된다. '합동 신속 대응부대'의 역할 측면을 고려 시에 분명 국민의 생명과 재산을 보호하는 중차대한 임무를 수행함에도 해당 부대가 들어설 인근에 거주하는 국민들의 민원이 제기될 소지가 있으며 쉽게 부지를 확보하기에 많은 어려움이 따를 것으로 예상된다.

3) 소결론

'합동 신속 대응부대' 창설 시 나타날 것으로 예상되는 긍정적·부정적 효과가 있기에 전략적·통합적 사고가 필요하다는 점을 강조함과 함께 두 가지 핵심 고려사항을 제시함으로써 결론을 대신하고자 한다.

첫째, 합동 신속 대응부대 창설 시 과학적·체계적 분석이 반드시 필요하다는 점이다. 이를 위해서는 '합동 신속 대응부대' 창설이 결정되는 초기 단계부터 제 분야의 전문가(통신전문가, 암호전문가, 우주 및 해양공학 전문가, 로봇공학자, 심리전문가 등)을 투입하여 다양한 분쟁 양상(저강도~고강도)에 능동적으로 대응할 수 있는 지휘구조, 부대구조, 전력구조 및

138) 박봉규, 『전게논문』, p.218.

편성 그리고 임무와 역할에 대해 다양한 의견을 제시토록 유도해야 한다.[139]

이와 함께 '합동 신속 대응부대' 창설을 위한 중간 및 최종 단계에서는 다양한 계층의 의견을 수렴하고 다시 피드백을 줄 수 있는 열린 시스템(Open-Architecture)을 구축하고, 국방 모델링 및 시뮬레이션(M&S, Modeling & Simulation)을 이용한 과학적인 검증 체계를 구축하여 비용분석 및 평가시스템을 조속히 구비해 놓아야 한다.

현재 한국의 국가 재정 환경은 국방 분야에 무한히 투입할 재원이 한정적임은 주지의 사실이다. 그렇기에 보다 과학적인 분석 및 검증은 필수 불가결하다고 할 수 있으며, 이를 위한 국방 모델링 및 시뮬레이션을 활용하여 객관적인 근거를 유지하고 새로운 분석 모델을 개발하는 데 많은 노력을 기울여야 할 것이다.

둘째, 합동 신속 대응부대 창설을 통해 합동성 강화를 위한 토대를 구축해야 한다는 점을 깊이 고려해야 할 것이다. 미래 한반도에는 다양한 위협이 발생할 가능성이 있으며, 이는 저강도 분쟁부터 고강도 분쟁까지 여러 수준에서 발생할 수 있기에 최대한 신속히 투입할 수 있는 부대를 마련하고 훈련시켜서 위기 시 신속히 투입하여 위기 이전 단계로 복구시킬 수 있는 능력을 지닌 상설 '합동

139) 포스텍 박태준미래전략연구소 국방연구팀, "[주간 인사이트 / 군대연구 ③] 전쟁 계획조차 독자적으로 만들지 못하는 한국군 – 미군과 영어로 전술 토론할 장교도 너무 부족하다", 인사이트, 2019.04.25.일자, https://news.joins.com/article/23561598 (검색일: 2019년 11월 30일)

신속 대응부대' 편성 및 운용이 필요하고 이를 활용하여 앞에서 분석된 창설 시 예상되는 긍정적 효과로 3군의 통합성을 제고 하고 각 군간의 상호운용성을 극대화할 수 있는 역할을 선도해 나갈 것이라 생각한다.

더불어 미래 다영역(지상·해상·공중 + 사이버, 우주)작전에서[140] 위기 발생 시 신속히 대응할 수 있는 '맞춤형' 합동 신속 대응부대 역할을 수행할 수 있도록 다양한 합동훈련을 모색해 보아야 할 것이다. 예컨대, 2019년 8월 25~26일까지 육군 특전사 병력과 해군 이지스 구축함까지 최초로 투입되어 독도방어 훈련을 시행한 바와 같이 이를 지속 발전시켜 나가야 한다.[141] 앞으로는 매년 하와이에서 해군을 중심으로 미국을 비롯한 여러 국가들이 참여하는 환태평양(RIMPAC, RIM of the PACific)훈련에 해군 특수전 부대 뿐만 아니라 육군의 특수전 부대도 함께 참여하는 훈련으로 발전시켜 합동성을 제고하고 각 군간의 협조된 작전을 발전시킬 방안을 지속 모색해 보아야 할 것이다.[142]

미래 안보 환경 변화에 따른 전통적 안보 분야와 비전통적 안보

140) 미국은 2014년 미래전쟁 수행개념으로 '다영역 작전'을 제시하였으며, 이를 토대로 구체적인 부대구조, 전력구조 그리고 교육훈련에 대한 변화를 모색하고 있다. U.S. Army Training and Doctrine Command. TRADOC Pamphlet 525-3-1, The U.S. Army Operating Concept: Win in a Complex World 2020-2040 (2014. 10. 31.)

141) 이근평 기자, "독도방어훈련 이지스함·특전사 첫 투입", 중앙일보, 2019.08.26. 일자, https://news.joins.com/article/23561598 (검색일: 2019년 11월 30일)

142) 안승회 기자, "[스마트해군] 다자간 협력 강화…싸우지 않고 이기는 방법 찾는다", 국방일보, 2019.06.13.일자, http://kookbang.dema.mil.kr/newsWeb/m/20190614/4/BBSMSTR_000000010024/view.do (검색일: 2019년 11월 30일)

분야에서 위기가 발생 시 포괄적, 능동적으로 대처 가능한 '합동 신속 대응부대' 창설을 위해서는 지금부터 하나씩 면밀히 준비하고, 특히, '합동 신속 대응부대' 창설 시 나타날 것으로 예상되는 긍정적 효과를 극대화 하고 부정적 효과를 상쇄시킬 수 있는 구체적인 대응 방안을 차근차근 준비해 나가야 한다.

앞서 살펴본 바와 같이 '합동 신속 대응부대'는 국가의 고귀한 역할이라 할 수 있는 국가를 수호하고 국민의 생명과 재산을 보호하는 활동을 직접적으로 수행할 것으로 예상된다. 특히, 미래 변화하는 안보환경에서 새롭게 대두되는 여러 위기 발생 시 초기에 신속한 행동으로 국가 보위를 위한 국군의 역할을 일정 부분 감당할 수 있으리라 생각한다.

무엇보다도 한반도의 안보 환경에서 북한이라는 직접적인 위협이 존재하고, 잠재적 위협이 야기될 수 있는 상황에서 모든 분야에 전력을 배비 한다는 것은 많은 재원과 노력이 투자되어 국가 전체적으로는 효과적이지 못한 상황에 놓이게 될 수 있다.

이에 더해 탈냉전 이후 국민들의 요구가 경제 및 복지 분야에 비중이 높아지고 있는 가운데서 국방 분야에 대한 일정한 재원을 확보한 가운데서 국가를 수호하고 국민의 생명과 재산을 보호하는 중차대한 임무를 효과적으로 수행할 수 있는 현실적인 대안 중의 하나가 '합동 신속 대응부대'를 운용하는 것이다. 적정한 부대를 편성하여 한반도 안보에 기여토록 지금부터 하나씩 확인하며 준비해 나가는 것이 절실히 필요하다.

4장을 통해 미래 안보환경에 능동적으로 대응하기 위한 일환으로서 '합동 신속 대응부대' 창설 시 효과를 분석함으로써 여러 시사점을 주었다는 점에서 의미가 있다고 생각한다.

그럼에도 불구하고 본고는 여러 한계점을 쉽게 찾을 수 있다.

첫째, 합동 신속 대응부대 창설 시 예상되는 효과에 있어 과학적인 접근이 부족했다는 점이다. 합동 신속 대응부대에 대한 구체적인 역할, 임무, 기능편성에 대한 국방 모델링 및 시뮬레이션 기법 등을 활용한 과학적 접근이 병행되지 못했다는 한계가 있다.

둘째, 만약 합동 신속 대응부대가 창설 하게 되면 다른 합동부대와 차별성이 무엇인지, 어떤 가시적인 전투효과가 예상되는지에 대한 실증적인 논리를 제시하지 못했다. 상기에서 제시된 한계점들은 후속연구를 통해 지속 보완해 나가야 할 것이며, 여러 한계점을 보완하기 위한 노력을 지속한다면 미래 안보환경에 선제적으로 대응할 수 있는 다양한 방안들을 촉진시킬 수 있는 단초(端初) 역할을 할 수 있을 것이라 기대해 본다.

5 장

전쟁영화 '아이 인 더 스카이'와 군사혁신

제1절 영화정보

제2절 제4세대 전쟁과 군사혁신

제3절 우리는 무엇을 준비해야 하나?
: 합동기능별 군사혁신을 위한 제언

1절 영화정보

헬렌 미렌
아론 폴
앨런 릭먼
바카하드 압디
〈위플래쉬〉〈스포트라이트〉 제작진
영국에 있는 작전지휘관
미국에 있는 드론조종사
케냐에 있는 테러리스트
그리고 상공을 나는 감시자들
아이 인 더 스카이
EYE IN THE SKY
시공을 초월하는 드론 전쟁의 실체!
7월 14일 대개봉
12세 이상 관람가

1) 영화의 배경

21세기 초는 테러와의 전쟁으로 점철되었으며, 미국을 중심으로 영국, 프랑스, 독일 등 서방세계는 테러에 대한 대응력을 제고하기 위한 노력을 경주하는 모습을 보였다.[143] 특히, 2001년 9·11 테러 이후 맞이하게 된 국제사회의 위협요인인 테러리즘은 이제는 초국가적인 위협으로 많은 국가들이 당면과제로서 다루어야 할 사안으로 여겨지고 있다.

주지하다시피, 9·11 이후 알카에다(Al-Qaeda)를 필두로 여러 국제 테러조직에 의해서 자행된 2004년 3월 스페인 마드리드의 통근 열차에 대한 동시다발 폭탄 공격과 2005년 런던 7·7 테러 행위는 서방세계의 실질적인 위협으로 다가왔다.[144] 이를 상쇄하기 위해 미국을 비롯한 서방세계는 법과 조직을 정비하여 대응하고 있다. 이런 맥락 하에서 국제 테러조직에 대해 서방 국가들은 협력을 통해 실질적인 군사행동으로 위협을 제거하고 있으며, 이를 바탕으로 영화한 것이다.

143) 인남식, 『21세기 국제안보와 신테러리즘 : 알카에다의 성격변화와 미국의 새로운 대테러리즘 전략』, 한국국제정치학회 안보국방학술회의(2011.8), pp.335~336.

144) 제임스 키라스, “테러리즘과 지구화”, 조동준 역 ; 존 베일리스, 스티브 스미스, 퍼트리샤 오언스 지음, 『세계정치론』, 하영선 외 옮김, 을유문화사(2019), p.550.

2) 영화의 주요내용

주요대사

파월 대령 : "6년간 추격 끝에 코앞까지 왔으니 교전규칙을 확대해서 민간인을 보호해야죠.", "지붕으로 헬파이어를 쏘는게 가장 효과적입니다.

벤슨 장군 : "반드시 법적으로 문제 없게 해야 되네"

파월 대령 : "긴급 타겟인데 공격권을 주겠나?"

군 법무관 : "법적 문제의 소지가 있습니다.", "상부에 보고를 하셔야 합니다."

벤슨 장군 : "테러리스트 지닌 폭탄이 터지면 당장 수많은 민간인이 죽거나 다칠텐데 공격할까요?"

영국 법무장관 : "제 생각엔 공격을 허할 법적 조건은 갖춘 듯 합니다."

벤슨 장군 : "절대로 군인에게 전쟁의 대가를 모른다고 말하지 마십시오."

프랭크 벤슨(앨런 릭먼 분) 장군은 영국 합동사령부내 군사책임자로서 케냐에 은신 중인 테러리스트를 제거하기 위한 임무를 수행하는 모습.

캐서린 파월(헬렌 미렌 분) 대령은 영국 합동사령부내에서 케냐에 은신 중인 테러리스트를 제거하기 위한 임무를 수행하는 모습.

〈아이 인 더 스카이〉는 제4세대 전쟁 개념을 적용한 국제 테러조직의 핵심인물에 대한 생포 및 제거 작전을 묘사한 내용이다. 이미 알고 있는 바와 같이, 21세기 초국가적 위협으로 등장한 테러 행위가 국제사회의 핵심 문제로 대두되면서, 직접적인 피해를 입은 미국을 비롯한 여러 국가들이 '테러와의 전쟁'을 선포하며, 이를 구현하기 위해 군사적·비군사적 대응방안을 발표하고 실행하고 있다.

이러한 맥락 하에서 영화에서 등장하는 테러리스트에 대한 군사적 대응 모습에서 '군사혁신' 개념이 적용된 것을 엿볼 수 있었다.

앞으로 다가올 미래전쟁은 테러 행위와 같은 제4세대 전쟁의 모습과 기존의 재래식 전쟁의 모습이 혼합되어 나타날지도 모른다. 그렇기에 영화에서 묘사된 바와 같이 미국-영국-케냐 3국 간의 연합·합동작전, 국가지도자와 군사지도자 간의 의사결정 과정 그리고 이를 구현하기 위한 실질적인 군사행동들 속에서 나타난 '군사혁신'

면모를 교훈 삼아 한국군에게 어떻게 적용해야 할지에 대해 제언해 보고자 한다.

2절 제4세대 전쟁과 군사혁신

1장에서 전술한 바와 같이 나폴레옹 전쟁으로 대표되는 제1세대 전쟁으로부터 1차 세계대전으로 상징되는 제2세대 전쟁으로 이동하는데 약 100년이 소요되었다. 그리고 4년간의 1차 세계대전 동안 싸운 대규모 군대를 지원했던 산업·사회·기술적 토대를 발전시키는데 약 100년이 필요했다.

또한, 제3세대 전쟁의 모든 전술적 요소들이 1차 세계대전 당시에 존재 했었으나 완숙된 기동전(3세대 전쟁)의 토대를 발전시키는데 양차 대전간의 21년이라는 기간이 필요했다. 이를 토대로 생각해 보면, 제4세대 전쟁의 진화 가능성을 탐구하기 위해서 정치·경제·사회·기술적 변화들을 조사해야 할 기간은 2차 세계대전의 발발부터 지금까지라 할 수 있다.[145]

이는 제4세대 전쟁에 대한 총체적이고 입체적인 설명을 통해서 현재의 전쟁을 이해하고 미래전쟁에 대한 통찰력을 얻어 '군사혁신'을 이끌고 싸워 이길 수 있는 강군을 만드는데 첫 출발점이 될 수 있을 것이다.

그렇다면 '군사혁신'이란 무엇인가? 그리고 '제4세대 전쟁'과 '군사

145) 토마스 햄스 저, 『21세기 제4세대 전쟁』, 최종철 역, 국방대 안보문제연구소(2008), p.40.

혁신'과는 어떤 연관성이 있는가? 해당 질문에 답을 하면서 미래전쟁에 대비해서 우리는 무엇을 해야 할 지에 대한 길을 찾고자 한다.

1990년대 군사혁신 태동기에 군사기술혁명(MTR: Military Technical Revolution)이란 용어가 등장했다. 그 당시 군사전문가들은 군사적 큰 변화가 일어나고 있는데, 그 변화의 핵심 동력이 과학기술혁명의 군사적 이용에 있다고 보았다. 즉, 새롭게 발전하는 과학기술을 현존 군사력에 접목시켜 장비·물자의 성능과 능력을 향상시킴으로써 전투력의 효과성에 혁명적 변화를 초래하고 있다고 생각했다. 그 후 시간이 흘러서 군사분야 혁명(RMA: Revolution in Military Affairs)란 용어가 새로이 등장하면서, MTR을 대체했다.

RMA는 21세기 군사적 대변화를 MTR의 기술적 차원보다 한 단계 격상된 개념으로 파악했다. 즉, 기술혁명을 이용한 전력체계의 혁명 뿐만 아니라 군사력의 운용방법과 조직편성도 혁명적으로 변화시키고, 이들을 상호 밀접하게 결합, 시너지 효과를 극대화하는 매우 큰 군사적 변화로 정의하였다.

이런 가운데서 그 당시 용어간의 명확한 정리를 필요로 한 전문가들의 주도로 미국 국방부 총괄평가국(Net Assessment)의 마샬(Andy Marshall)과 워싱턴 소재 전략예산평가연구소(CSBA)의 크레피네비치(Andrew Krepinevich) 박사는 군사분야혁명(RMA)을 다음과 같이 정의했다. ① 새로운 기술(emerginn technologies)을 응용하여, ② 새로운 군사체계(evolving military systems)를 만들 경우, 이와 관련된 ③ 작전운용 개념(operational innovation)과 ④ 조직편성(organizational adaptation)도 혁신적으로 발전시켜 상호 결합시킴으로써 ⑤ 전쟁의 성격과 그 수행 방식을 근본적으로 변화시킬 때 발생한다. ⑥ 군사분야혁명은 군사력의 전투 잠재력과 효과성을 극적으로 증가시켜 과거와는 차원이 완전히 다른 불연속성의 새로운 전쟁양상을 시현한다.

요컨대, RMA에서 중요한 것은 아래 〈그림 5-1〉에서와 같이 변혁의 속도(speed)가 아니라 변혁의 크기(magnitude)이다. 즉, 군사발전이 과거 연장선상에서 진화적으로 발전하는(evolutionary) 것이 아니라 혁명적으로 변화되는(revolutionary) 것을 말한다. 진화적 발전이란 기존의 체계(system) 또는 구조(framework)에 대한 논리적인 진보를 뜻한다. 그에 비해 혁명적 발전(revolution)이란 기존의 체계 및 구조를 근본적으로 파괴하고 다시 창조하는 것을 의미한다.146)

〈그림 5-1〉 군사혁신 : 전투발휘효과의 불연속적 증폭147)

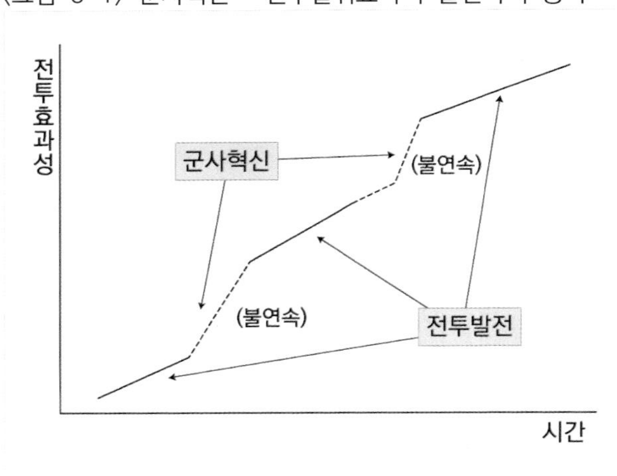

146) 권태영·노훈, 『21세기 군사혁신과 미래전: 이론과 실상, 그리고 우리의 선택』, 법문사(2008), pp.47~51.
147) 『상게서』, p.52에서 재인용.

1) 제4세대 전쟁이란?

'제4세대 전쟁'이라는 용어의 최초 사용은 1989년 린드(William. S. Lind)를 비롯한 다섯 명의 저자들이 미국 『해병대 관보(官報)』"변화하는 전쟁의 얼굴 : 제4세대를 향한 전환"이라는 논문을 통해 제시됐다. 해당 논문에서 린드는 '웨스트팔렌 조약' 체결 이후 약 300년 동안의 기간을 인력전 위주의 '제1세대 전쟁', 화력전 위주의 '제2세대 전쟁' 그리고 기동전 위주의 '제3세대 전쟁'으로 구분하고 새로운 전쟁 형태인 '제4세대 전쟁'으로 제시하였다.

이후 2004년 미국 해병대 대령 출신인 토마스 햄스는 그가 저술한 『The Sling and the Stone : On War in the 21st Century』에서 린드가 제시한 '제4세대 전쟁'의 개념을 구체화하여 전쟁의 변화를 정치적·경제적·사회적·기술적 차원에서 포괄적으로 접근했으며, 중국의 인민전쟁으로부터 이라크전쟁까지 사례도 명확하게 제시했다.148)

2003년 5월 1일, 미국의 조지 W. 부시 대통령은 이라크에서의 전쟁종식을 선언했다. 이후 이라크에 안정과 재건 그리고 평화가 찾아온 것이 아니라 혼란이 가중되는 모습이 나타났다. 그 당시 미국의 국민들을 포함한 세계 많은 국민들은 평화가 아니라 차량 폭탄 테러로 인한 군인과 민간인의 사망 소식 및 이라크 내 불안정한 모습에 관란 뉴스가 보도되었다.

이러한 뉴스를 접한 미국 국민들은 몹시 당황스러웠다. 왜냐하면

148) 최한수, "4세대 전쟁의 한반도 적용 가능성 연구", 『국방정책연구』 제29권 제4호, (2013), p.114.

전쟁종식을 선언했기에 더 이상의 희생이 있어서는 안되며 이라크는 민주주의를 받아들이고 미군은 철수해야 한다고 생각했기 때문이다. 일부 학자들은 이라크의 저항활동을 예상치 못했으며, 더불어 이라크의 저항과 이로 야기된 무질서에 대비하지 못했음을 질책했다.

이어서 계속된 2003년 8월 이후 요르단 대사관과 바그다드의 유엔 사령부 등에서 일련의 폭탄테러가 지속되면서 전쟁은 전혀 새로운 모습으로 변모해 가고 있었다. 즉, 제4세대 전쟁의 모습을 나타내고 있었다.149)

제4세대 전쟁이라는 용어가 많은 사람들에게 회자될 수 있었던 것은 미국의 햄스(Thomas X. Hammes)가 저술한 『The Sling and the Stone : On War in the 21st Century』에서 소개되면서이다. 해당 저서에서 제4세대 전쟁은 "상대방의 정책결정자들에게 그들의 전략적 목적이 달성 될 수 없거나 또는 예상되는 이익에 비해 손해가 더 크다는 것을 확신시키기 위해서 가용한 모든 네트워크들 - 정치적, 경제적, 사회적, 군사적 네트워크-을 사용하는 전쟁이다"라고 정의하고 있다.

햄스는 제4세대 전쟁은 진화된 형태의 분란전(insurgency)이며, 적의 군대를 패배시킴으로써 승리하려고 하지 않으며, 네트워크를 통해 적의 정책결정자들의 정치적 의지를 직접적으로 파괴시키기 위한 공격을 한다고 주장하고 있다. 그렇기에 제4세대 전쟁은 몇 달이나 몇 년이 아니라 수 십년이 소요되는 장기간의 전쟁이라고 기술하고

149) 토마스 햄스 저, 『21세기 제4세대 전쟁』, 최종철 역, 국방대 안보문제연구소(2008), p.3.

있다.[150]

제4세대 전쟁은 2001년 9·11테러 이후 미국이 수행한 아프간전과 이라크전에서 나타났으며, 미국이 역사상 패배한 단 한 종류의 전쟁이라고 지적했다. 또한, 제4세대 전쟁은 신비스러운 것이 아니며, 해당 지역의 사회의 모습을 반영하면서 진화했다고 언급했다.[151]

특히, 제4세대 전쟁의 시원을 중국의 마오쩌둥의 인민전쟁이라고 언급하였으며, 그 이후 각 전장 실행자들은 세계 각지에 있는 그들의 전임자 또는 전우들로부터 배우게 되었다고 지적했다.[152]

이와 함께 제4세대 전쟁과 이전 세대의 전쟁을 구분하는 중요한 기준이 있는데, 그것은 강력한 지휘부의 실종, 집단의 소형화라 할 수 있다. 비록 제4세대 집단도 지도자가 있고 수뇌부가 있기는 하나 이들은 거대한 조직을 통솔하는 권력자들이 아니다. 제4세대 집단은 거의 소규모이며 이념이나 이익을 제공하는 한 인물과 추종자 수십, 많아야 수백 명 정도이다. 현재 가장 잘 알려는 테러단체인 알카에다도 수만 수십만의 거대집단이 아니다.

제4세대 집단의 무서움은 그 집단의 거대함에 있는 것이 아니라 그 이념의 강력함에 있다. 특정 인물이 어떠한 이념을 표방하며 해당 이념에 기반을 둔 투쟁을 천명하면 해당 이념을 채택한 수많은 소집단들이 알아서 투쟁을 실행한다.

150) 『상계서』, p.4.
151) 『상계서』, p.5.
152) 『상계서』, p.6.

이후 원래의 이념을 설파한 집단과 자생(自生)한 수많은 집단간에는 일정한 동맹관계가 형성되며 하나의 느슨한 네트워크를 형성한다. 이들 집단간에는 위계가 없으며 개개의 집단이 독자적으로 움직이기 때문에 한 집단을 포착하여 전멸시킨들 전체 네트워크의 운용에는 별 다른 타격이 없다.

어쩌다 이념을 설파하는 집단을 포착하여 없앤들 해당 이념은 이미 광범위하게 퍼진 상태이기 때문에 네트워크 내의 다른 집단이 '이념집단'의 지위를 획득하여 활동하게 된다. 그리고 활동에 필요한 인터넷 등의 통신수단으로 네트워크 내의 소집단들은 긴밀한 연락망을 형성한다. 이런 인터넷의 초(超)국가적 성격은 해당 네트워크의 범세계적 분산을 가능케 한다.

이런 일련의 행위를 통해 제4세대 집단은 해당사회를 불안하게 만들어 활동 공간을 확보하고 그들의 영향력을 확장하려는 의도가 내포되어 있다. 그들은 정규군을 뒤에서 지휘하는 정치지도부의 정치적 의지력을 약화시키려 한다. 이를 통해 해당 전쟁에 투입되는 비용에 비하여 창출되는 이익이 없다는 사실을 적군 지도부에 각인시켜 전쟁을 포기하도록 유도하는 것이 제4세대 전쟁의 궁극적인 목적이라 할 수 있다.[153]

153) New Military Paradigm 저, 『4세대 전쟁』, 조상근 기획, 집문당(2010), pp.37~39.

2) 제4세대 전쟁 : 알카에다

현대의 정치적·안보적 어휘 중에서 가장 논쟁이 되는 개념으로 보이는 '테러', '테러리즘'은 "주권국가 혹은 특정 단체가 특정한 목표달성을 위해 조직적·지속적으로 폭력의 사용 또는 협박으로 광범위한 공포분위기를 조성하여 특정 개인, 단체, 공동체 사회, 정부의 인식변화와 정책변화를 유도하는 상징적 • 심리적 폭력행위의 총칭" 의미로 사용되고 있다.[154)]

특히, 미국에서 자행된 2001년 9 • 11테러 이후 핵심 이슈로 부각된 테러는 국제사회에 초국가적 위협의 주체로서 등장하여 여러 논쟁과 분쟁의 핵심요소로 작용하고 있다. 이미 널리 알려졌듯이, 9 • 11 테러의 주범으로 지목된 알카에다는 이단적인 서구화된 이슬람문명을 이슬람 근본주의로 회복하려는 국제적인 테러 조직망으로 약 60여 개국에 자치적인 지하조직을 갖고 있다. 알카에다는 사우디 아라비아 출신인 빈 라덴의 막대한 재산을 바탕으로 조직을 이끌어 왔는데, 1980년대 구(舊) 소련의 아프가니스탄 침공에 맞서서 조직되었다. 이후 빈 라덴은 1990년 걸프전쟁 시 사우디가 이슬람의 성지인 메카와 메디나가 있음에도 미국을 불러들여 상주시킨 것에 대하여 저항의지를 불태웠다. 이후 그는 수단, 아프가니스탄으로 거처를 옮겨 대미테러를 지휘하였다.

빈 라덴의 미국에 대한 테러 행위는 1988년 케냐와 탄자니아의

154) David P. Barash • Charles P. Webel 지음, 『전쟁과 평화』, 송승종·유재현 옮김, 명인문화사(2018), pp.80~82; 이만종, 『국경이 사라진 전쟁 : 진화하는 테러리즘』, 솔과학(2020), pp.20~24.

미국 대사관 공격, 2000년 예멘에 정박하던 미국 구축함 콜(cole)을 공격, 그리고 2001년 9·11테러 등으로 이어진다. 대부분의 아랍국가들은 9·11테러가 알카에다에 의해서 직접적으로 이루어졌다고는 보지 않지만, 빈 라덴이 담긴 비디오 테이프를 근거로 유나이티드 에어라인-93 공중납치와 세계무역센터와 미국 국방성에 대한 공격은 알카에다가 간접적으로 관련되었다고 본다.

미국은 2001년 10월 아프가니스탄에 대한 군사행동을 감행하여 탈레반 정권을 축출하고 알카에다 조직을 거의 제거하였고, 미국의 중앙정보국(CIA)을 중심으로 한 관련 기관들의 끈질긴 추적 끝에 2011년 빈 라덴을 사살 하면서 일단락 지었다.[155]

이와 같은 초국가적 위협으로서 알카에다의 활동은 세 가지 중요한 시사점을 제공함과 함께 미래전쟁의 새로운 단면을 볼 수 있는 기회를 제공해 주고 있다. 첫째, 알카에다는 지구적 네트워크 연결성의 상황에 적응해 나가고 있으며, 정형화된 지휘와 통제의 모습보다는 느슨하고 유연한 네트워크를 이용하여 활동있다. 둘째, 색다르고 파괴력이 높은 여러 테러기술을 개발하였다. 어린이와 여성 등을 악용한 자살공격과 일반 대중까지 포함한 무차별한 동시적 폭파 등을 자행했다. 더불어 무기의 사용이 유연해짐(여객항공기 포함)에 따라 테러가 가할 수 있는 파괴력과 충격력의 수준이 높아졌다. 가장 중요한 것은 알카에다의 점(點) 조직직인 연결의 모습은 전 지구적으로 확장하게 되어, 중동, 아프리카, 북미, 유럽과 아시아에서

155) 김일수, “테러리즘과 반테러리즘의 국제정치”, 『사회과학연구』 제19권 2호, (2002), pp.77~78.

활동할 수 있게 된 것이다. 셋째, 알카에다는 현대 이슬람 운동의 군사조직으로 활동하여, 글로벌 차원의 이슬람 문명 vs 서구 문명의 대결 구도를 유도하는데 기여하였다.[156)]

이와 같이 초국가적 위협의 일환인 알카에다의 활동이 제4세대 전쟁 개념을 넘어서 이슬람과 서양 사이의 문명적 투쟁 양상으로까지 확장되고 있다고 평가하고 있다. 이처럼 알카에다를 비롯한 여러 국제 테러조직들의 활동은 미국을 비롯한 국제사회가 군사적으로도 새로운 방안을 만들도록 촉매하고 있다.

3) 제4세대 전쟁 : 이라크 전쟁

2003년에 발생한 이라크전은 새로운 그리고 제4세대 전쟁의 특성이 투영된 전쟁양상을 보였다. 효과중심작전을 표방한 초정밀 타격전과 마비 중심의 초고속 기동전이 매우 효과적으로 통합되었다. 미국이 지난 10여년 간 군사혁신 차원에서 발전시켜온 신속결정작전(RDO)과 효과중심작전(EBO) 개념을 실전에 적용하여, 첨단 정보·기술군의 절대적인 압도성을 실증했다.

이라크전은 크게 ① 전쟁준비 및 여건조성, ② 결정적 작전, ③ 안정화 작전으로 구분되어 수행되었다. 제1단계(전쟁준비 및 여건조성)에서는 전력을 쿠웨이트 등에 배치함과 더불어, 다양한 수단을 활용하여 심리전을 구사하고, 걸프전 이후 설정한 남·북부 비행금지 구역 내 방공체계 및 미사일 기지를 무력화하기 위한 공습작전을 지속하

156) 앤드류 헤이우드 지음, 『전게서』, 김계동 옮김, p.305.

였다. 그리고 전쟁 개시 2개월 이전부터 미국의 중앙정보국(CIA) 산하 특수작전 요원을 침투시켜 정보수집활동을 전개하고, 북부 쿠르드족과 연계한 민병대를 조직했으며, 이라크 지휘관들에게 뇌물을 주고 회유하여 전투의지를 박탈하고자 했다.

제2단계(결정적 작전)에서 실시된 '충격과 공포(Shock and Awe)' 작전은 25일간의 짧은 기간에 종결되었다. 해당 작전은 ① 바그다드 진격작전, ② 바그다드 압박작전, 그리고 ③ 바그다드 및 티크리트 장악작전으로 구분, 실시되었다. 바그다드 진격작전은 3월 20일에서 25일까지 약 5일간 400km를 진격하여 바그다드 남방 80km까지 진출하였다. 1일 평균 80km의 신속한 기동작전으로서 사상 유례를 찾기 어려운 '전격성'을 극명하게 표출하며, 압도적인 군사적 능력을 보여줬다.

바그다드 압박작전은 3월 25일에서 4월 4일까지 실시되었다. 최초 3일간은 모래폭풍으로 인해 소강상태가 유지되었지만 공중 공격은 지속적으로 이루어졌다. 그 후 미군은 바그다드 방위를 위해 출동한 공화국 수비대와 교전하고, 바그다드를 포위했으며, 바그다드 국제공항도 점령했다.

바그다드와 티크리트 장악 작전은 4월 5일에서 14일까지 10일 만에 완료했다. 미군은 신속한 기동 및 빠른 작전템포의 기습작전으로 적의 대응능력을 와해시켰다. 아래 〈그림 5-2〉는 그 당시 미군/다국적군의 이러한 작전현황을 나타낸 것이다.

그러나 미국은 이처럼 신속결정작전에서 역사의 새로운 페이지를 장식했지만, 이후 나타난 '제4세대 전쟁' 양상의 안정화 작전에서는 사실상 실패하였다. 본 정규작전은 불과 27일 만에 완승, 종료되었으나, 안정화작전은 그 후 많은 시간을 할애하며 여러 난맥상을 보여줬다.[157]

미국은 초전의 이라크전에서 보여준 전쟁수행 방법에서는 탁월함을 보여주었지만, 이후 전쟁의 양상은 제4세대 전쟁 양상으로 흘러갔고 정규작전 이후의 준비 및 최종상태에 대한 면밀한 대비가 부족해서 궁극적으로 추구하고자 했던 전쟁의 목적을 달성하는 데에는 한계점을 보여줬다.

결국 이라크전은 초기 정규작전의 모습에서 제4세대 전쟁양상으로 변화되는 것을 적시에 간파하지 못함으로써 여러 난관에 부딪치게 됐다. 아마도 어느 누구도 쉽게 전쟁양상의 변화를 예측할 순 없을 것이다. 그러나 그렇지 못했을 경우 어떠한 결과가 초래될지에 대해 이라크전을 통해 배울 수 있게 됐다. 그리고 전쟁 중이라도 전쟁의 양상 및 목표 그리고 목적이 무엇인지 정확히 알고 그에 맞는 군사력을 운용하려는 '군사혁신'이 왜 필요한지에 대해 경종을 울리는 사례임을 잊지 말아야 할 것이다.

157) 권태영·노훈, 『전게서』, pp.113~116.

〈그림 5-2〉 2003년 당시의 다국적군 작전현황[158]

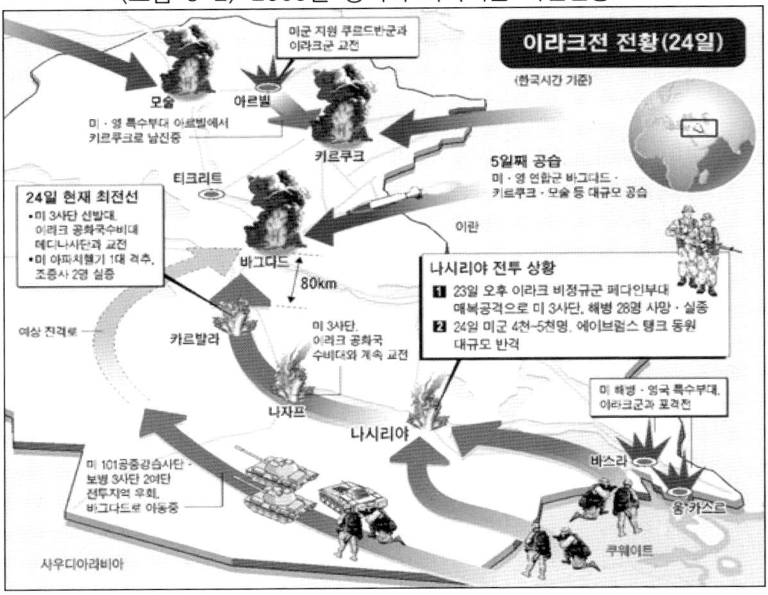

158) "[그래픽뉴스] 이라크전 전황(27일)』", 중앙일보, 2003.03.27.일자, http://kookbang.dema.mil.kr/newsWeb/m/20190614/4/BBSMSTR_000000010024/view.do (검색일: 2019년 11월 30일)

3절 우리는 무엇을 준비해야 하나?
: 합동기능별 군사혁신을 위한 제언

한국군 최고의 군령(軍令)[159] 기관인 합동참모본부에서 발간된 『2021~2028 미래 합동작전 기본개념서』에서는 군사전략개념을 실질적으로 구현할 수 있도록 합동작전부대가 미래에 어떻게 작전할 것인가를 제시함으로써 미래전쟁을 어떻게 준비할 것인가에 대한 지침을 제공하고 있다. 그리고 보다 구체적인 능력 구비를 위해 합동기능 중 전장인식, 지휘통제, 전력운용, 방호, 지속지원 측면에서 미래전쟁을 대비하고 효과적으로 대응하기 위한 요구되는 능력을 제시하고 있다. 이러한 구체적인 요구능력에 대한 명시는 미래전쟁을 준비하는데 있어 큰 방향성을 제시해 주어 노력의 통일을 도모하는데 크게 기여할 것이다.[160]

주지하다시피, 미래전쟁에 대해 준비하기 위해서는 한반도 및 동북아 그리고 세계 안보환경을 면밀히 분석한 후에 한국군이 미래전장 환경에서 효과적으로 대응할 수 있는 능력을 구비하는 것이 무엇보다도 중요하다. 그렇기에 미래 한국군에게 요구되는 능력을 어떻게 구비해야 할 것인가에 대한 끊임없는 고민은 반드시 필요하며, '군사혁신' 이라는 개념적 틀을 적용해 봄으로써 미래전쟁의 준비를

159) 군령(軍令)이라 함은 국방목표 달성을 위하여 군사력을 운용하는 용병기능으로써 군사전략기획, 군사력 건설에 대한 소요제기 및 작전계획의 수립과 작전부대에 대한 작전지휘 및 운용 등을 의미한다. 이태규, 『군사용어사전』, 일월서각(2012).

160) 합동참모본부, 『2021~2028 미래 합동작전 기본개념서』, 국군인쇄창(2014), pp.14, 78~86.

위한 다양한 생각을 촉진하는데 단초 역할을 할 수 있을 것이다.

이하 제시되는 내용에서는 합동기능 중 전장인식, 지휘통제, 전력운용, 방호, 지속지원 분야에서 군사혁신의 구성요소 중 '군사기술'을 중심으로 발전방안을 제언해 보고자 한다.

1) 전장인식 측면 군사혁신

전장을 손바닥 보듯이 면밀하게 인식하기 위해서는 감시·정찰 능력과 이를 융합하여 군사작전에 활용할 수 있는 능력을 구비해야 한다. 감시·정찰 능력은 한반도 전역의 전략표적 및 주요 전술표적에 대한 실시간 감시를 통해 조기경보, 표적획득, 전투피해를 확인할 수 있어야 한다.

구체적인 요구능력으로는 ① 북한 전역에 대한 근실시간대 조기경보 및 감시·정찰 능력 ② 도발원점 및 지휘·지원세력 타격을 위한 감시·정찰 능력 ③ 제대별 작전적 요구에 부합된 감시·정찰 능력 ④ 북한 잠수함, 항공기, 특수작전부대, 기동예비의 활동 등을 지속 감시하고 추적할 수 있는 능력 ⑤ 감시권 내 전략적 감시·정찰과 무인화 감시·정찰 능력 등이다.[161]

해당 분야의 과감한 도전과 변화를 통한 군사혁신을 추구하기 위해서는 과학기술 발전추세를 면밀히 들여다보아야 한다. 최근 전장인식에 있어 핵심수단으로 각광받고 있는 것은 레이더와 전자광학이 있다. 레이더는 전자파를 공간상으로 송신하고 표적으로부터 반

161) 합동참모본부, 『2021~2028 미래 합동작전 기본개념서』, 국군인쇄창(2014), p.78.

사된 신호를 분석함으로써 표적을 탐지·추적·식별하는 감시·정찰 센서이며, 주·야 전천후로 임무를 수행할 수 있어서 군사용 뿐만 아니라 민간에서도 널리 사용되고 있다.[162]

〈그림 5-3〉 레이더 작동 방식[163]

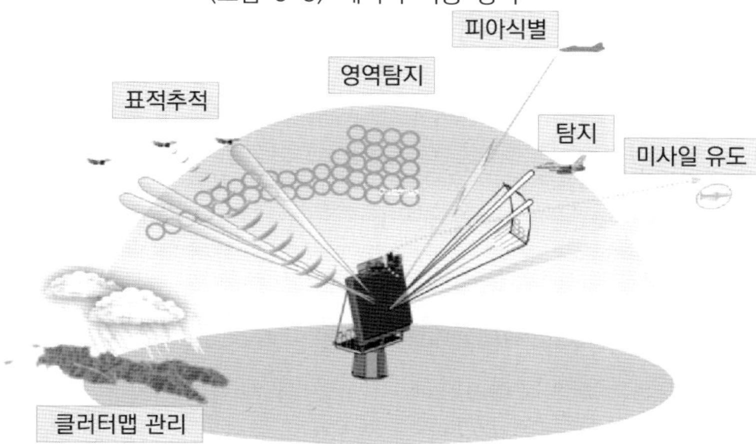

전장인식을 도와주는 레이더의 수단이 합동작전에 어떻게 기여할 수 있는지는 〈그림 5-4〉를 보면 보다 쉽게 이해할 수 있을 것이다. 합동작전지역에서 레이더를 활용함으로써 지상·해상·공중에서 전장을 가시화할 수 있는 능력을 구비할 수 있게 되며, 이러한 능력은 미래전쟁을 대비하는 좋은 방편 중의 하나로서 역할을 할 것이다.

162) 국방부, 『2014~2028 국방과학기술진흥정책서』, 국군인쇄창(2014), p.78.
163) 『상게서』, p.78에서 재인용.

레이더와 함께 각광받고 있는 전장인식 분야에서 핵심수단인 전자광학장비는 가시광 파장대역부터 적외선 대역의 광파를 이용하여 실시간 감시·정찰과 표적을 정밀하게 탐지·추적하는 전장을 인식함에 있어 핵심수단이다. 〈그림 5-5〉에서 제시되어 있는 운용도를 통해 전자광학장비의 기능과 역할을 보다 쉽게 이해할 수 있을 것이다. 특히, 장거리 광학장비는 식별·탐지 능력을 높이기 위하여 지능형 영상센서를 장착하는 추세이고, 중장거리용은 각 파장별 영상을 획득·처리하여 표적을 식별하는 초분광 영상장비 개발이 진행되고 있다.[164]

물론 앞에서 제시된 두 가지 수단만이 전장인식 능력 확충에 기여하는 것은 아니지만, 해당 분야에서 더 많은 관심을 갖고 발전시켜야 할 수단으로서 제시하였다. 역사를 통해 알 수 있듯이, 과학기술은 계속해서 발전해 가고 있다. 분명 해당 수단과 함께 다른 수단들도 발전해 가고 있으니, 전장인식 분야에서 새롭게 등장하는 과학기술을 신속히 군사 분야에 접목시킬 수 있도록 지속적인 관심을 가져야 할 것이다. 이것이 바로 군사혁신을 실천하는 첫걸음이라 할 수 있다.

164) 『상계서』, p.80.

〈그림 5-4〉 합동작전지역 레이더 활용 전장인식 운용도165)

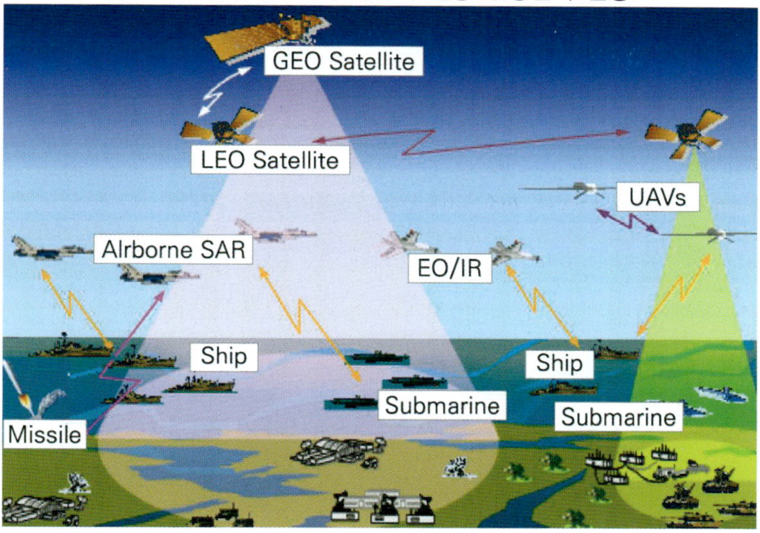

〈그림 5-5〉 전자광학 장비 운용도166)

165) 『상게서』, p.79에서 재인용.
166) 『상게서』, p.80에서 재인용.

2) 지휘통제 측면 군사혁신

미래전쟁에서 지상군·해군·공군의 통합된 전투력을 투사하기 위해서는 네트워크로 연결하여 기동성·생존성·보안성이 향상된 지휘통신체계를 구축해야 한다. 특히, 군사지휘본부로부터 전투원까지 전장상황을 공유하고 신속한 지휘결심과 대응을 가능하게 하는 네트워크중심의 작전환경과 상호운용성이 보장되는 지휘통제체계를 구축하는 여부가 실시간 통합된 전투력발휘를 결정할 것이다.

지휘통제체계를 구축하기 위한 구체적인 요구능력으로는 ① 네트워크 중심의 작전환경 및 통합지휘통제 능력 ② 도발·전투지역에서제 작전요소에 대한 통합된 지휘통제 능력 ③ 복합정밀타격체계(C4ISR+PGMs) 구축 및 운용 능력 ④ 제대별·기능별 전투체계간 상호운용성 보장 능력 ⑤ 지상군·해군·공군 간 실시간 정보연동이 가능한 전술데이터링크 구축 능력 등이다.167)

지휘통제는 지휘소의 정보처리 및 의사결정을 지원하는 자동화체계로서, 전장인식 → 지휘통제 → 전력운용을 위해 다양한 감시정찰자산으로부터 수집된 전장정보를 실시간 분석하여 적의 위협을 평가하고, 최적의 방어·공격 수단을 결정하여 명령을 하달·공유하는 분야이다.168) 해당 분야에 있어서 선도적으로 구축해야 할 부분은 합동전술통신과 사이버 영역이라 할 수 있다.

167) 합동참모본부, 『전계서』, pp.80~81.
168) 국방부, 『전계서』, p.74.

〈그림 5-6〉 미래 합동지휘통제체계 운용도[169]

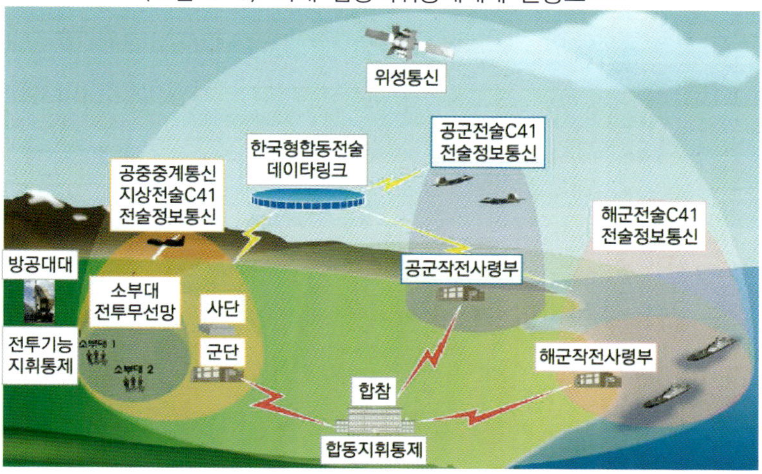

합동전술통신은 지상 및 해상, 우주까지 확대된 전장영역에서 광범위하게 분산 운용되어 있는 각종 무기체계들을 열악한 상황 하에서도 이음매 없이 연결하여 전장상황 정보를 신속히 전송, 적시에 지휘결심·통제·타격이 가능하도록 다차원 정보통신망을 제공하는 분야이다.[170] 이런 중요한 분야를 담당하고 있기에 〈그림 5-6〉에서 제시된 개념도가 실제 전장에서 구현될 수 있도록 실질적인 조직 및 예산이 투영되어 구현될 수 있도록 해야 한다.

물론 해당 분야의 체계가 전혀 갖추어 있지 못한 건 아니다. 21세기 정보·지식사회에서 과학기술의 변화에 부응하며 적극적으로 현장에 반영될 수 있는 노력이 필요함을 강조하는 것이다.

169) 『상게서』, p.80에서 재인용.
170) 국방부, 『전게서』, p.75.

〈그림 5-7〉 미래 합동전술통신체계 운용도[171]

한편, 사이버전은 컴퓨터와 네트워크로 구성된 사이버 공간에서 수행되는 무형적인 전투로 아군의 전장관리체계를 포함한 정보체계·무기체계를 무력화하거나 중요한 정보를 탈취하는 사이버 공격을 탐지·대응하고, 적의 체계를 공격하여 전쟁 수행 능력을 마비시키는 사이버 공간의 공격 및 방어체계 분야이다.[172]

사이버전이라는 관념은 디지털 혁명에서 자연스럽게 추론된 것이다. 모든 군사활동이 자료의 신속한 축적과 처리, 전송에 의존했다면 이는 공격을 가하거나 적의 공격을 막아내는 것만큼이나 주의를 집중해야 할 중요한 분야이다.

만약 어느 한편이 갑자기 모니터 화면이 텅 비거나 잘못된 정보로 주입되어 나타나는 상황이 발생한다면, 현지 지휘관에게 명령을

171) 『상게서』, p.76에서 재인용.
172) 『상게서』, p.77.

내릴 수 없거나 이 명령들이 그릇된 지시로 바뀐다면 무슨 일이 일어날까? 그런 상황이 되면 최고로 강력한 군대도 무기력하고 불운해질 수 있다. 이것이 바로 미래 사이버전을 준비하고 관련 체계를 발전시켜야 할 이유이자 목적이다.[173]

〈그림 5-8〉 사이버전 예상도[174]

3) 전력운용 측면 군사혁신

미래전쟁에 대비한 전력운용은 유사시 신속·정확·충분히 대응하여 조기에 상황을 종결하며, 분쟁 예상지역에 대한 적의 침입을 억제하고, 침입 시 이를 아군의 관할 지역 밖에서 격퇴 및 무력화 시키기 위한 전략적·작전적·전술적 능력을 구비해야 한다.

이러한 능력을 구비하기 위한 구체적인 능력으로는 ① 장거리 정

173) 로렌스 프리드먼 지음, 『전게서』, 조행복 옮김, p.358.
174) 국방부, 『전게서』, p.77에서 재인용.

밀타격 능력 ② 유사시 즉각 타격 가능한 합동화력 대응 능력 ③ 지상·해상·수중·공중에서 운용 가능한 중·장거리 정밀타격 능력 ④ 전략·작전·전술 표적 타격을 위한 유·무인 정밀타격 능력 ⑤ 원거리 신속·은밀(스텔스) 침투 및 주·야 전천후 장거리 정밀타격 능력 등이다.[175]

전력운용은 지상·해상·공중·우주·사이버 영역에서 현재까지 구비된 전력을 수직적·수평적 네트워크화를 기초하여 제 영역에서 지니고 있는 군사력을 투사하여 전쟁에서 승리를 달성하는데 있어 핵심 분야이다.

21세기 정보·지식사회의 전장에서는 다양한 유형의 수많은 국방로봇이 전투원을 대신하여 정보수집, 표적식별 및 추적, 레이더 교란, 불발탄 제거, 지뢰 및 기뢰 제거, 화생방 오염제독 및 무인잠수정, 무인전투기 운용 등을 통해 적의 표적을 공격 파괴하는 전투임무까지도 담당하는 중추적인 전력으로 활용될 것이다.[176]

아래 〈그림 5-9 ~ 5-11〉에서 제시된 개념도가 미래전쟁을 대비해서 지상·해상·공중 분야에서 추가로 구비해야할 전력들이다. 이를 구현하기 위해 체계적이고 일관된 역량이 투영되도록 노력해야 한다.

175) 합동참모본부, 『전게서』, p.82.
176) 권태영·노훈, 『전게서』, p.251.

〈그림 5-9〉 지상 국방로봇 운용도177)

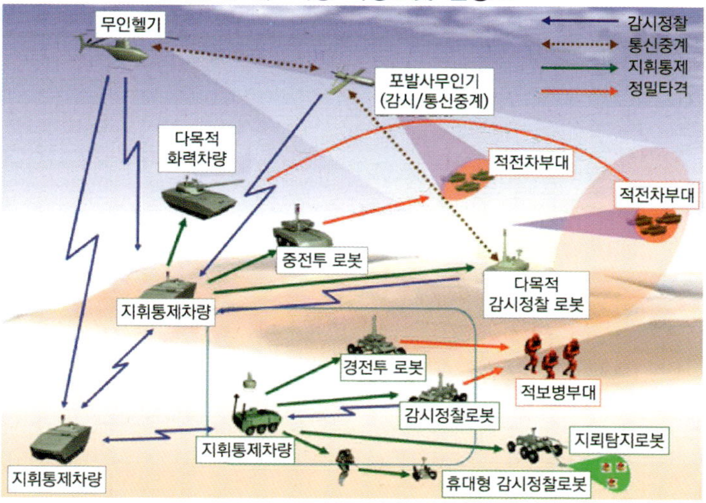

〈그림 5-10〉 해상 국방로봇 운용도178)

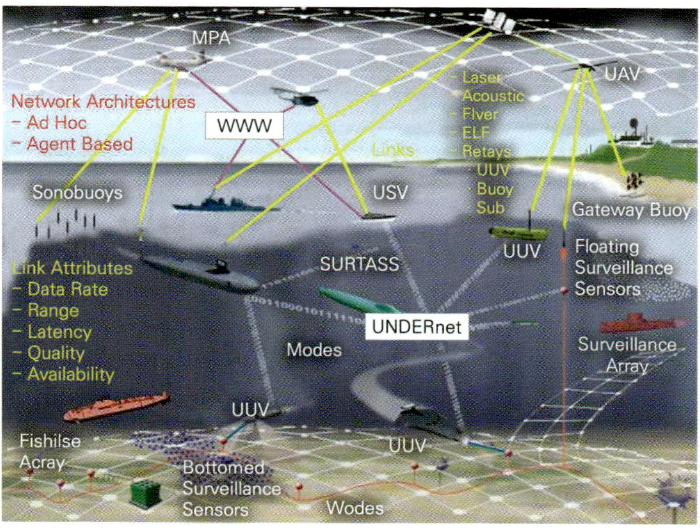

177) 국방부, 『전게서』, p.85에서 재인용.
178) 『상게서』, p.91에서 재인용.

〈그림 5-11〉 공중 국방로봇 운용도[179]

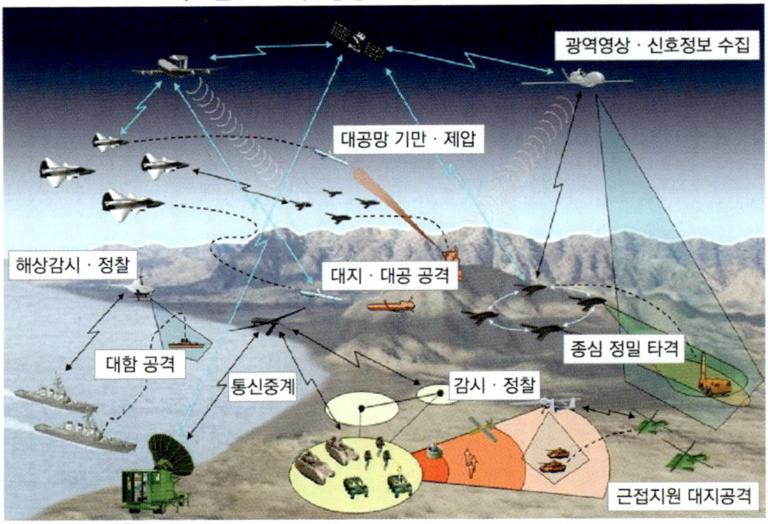

특히, 미국을 주도로 공중에서 운용되는 무인기(UAV: Unmannde Aerial Vehicle) 과학기술의 발전은 전장의 판도를 급격히 변화시키는 핵심 요인으로 작용하고 있다. 2019년 미국 공군연구소는 F-22나 F-35 같은 최신예 스텔스 전투기와 함께 임무를 수행할 무인 인공지능 전투기인 스카이보그(Skyborg) 프로그램을 발표했다. 여러 방산업체와 인공지능 업체와 함께 자율비행과 임무 수행이 가능한 소형 전투 드론을 개발하는 것이 목적이라고 밝혔다.

이러한 무인전투기 개발을 하는 이유는 정찰 및 간단한 공격 임무를 무인전투기에 맡겨 값비싼 유인전투기를 보호하고 전투효율을 극대화하기 위해서라고 한다. 미 공군의 무인전투기 기종 중의 하나인 UTAP-22 마코의 가격은 300만 달러(한화 약 30억)로 몇억 달러

179) 『상계서』, p.95에서 재인용.

를 넘는 F-22 유인전투기 보다 저렴하기 때문이다.[180]

〈그림 5-12〉 미 공군 무인전투기[181]

이와 함께 최근 각광받고 있는 전장영역 중 하나인 우주 영역에서 활용 가치가 높은 우주무기는 미래전쟁을 대비한다는 측면에서 과감한 도입이 필요한 분야이다. 우주무기는 우주공간에 배치된 우주물체를 공격하거나 우주에서 지상의 표적 또는 미사일을 무력화시켜, 적의 우주 전력·능력을 파괴 또는 무력화하여 자국의 우주력 확장을 위한 분야이다.[182]

180) https://nownews.seoul.co.kr/news/newsView.php?id=20210523601001'#csidxedd4e0aac662b68b916d9562f51cb93 (검색일: 2021년 7월 12일)
181) ⓒ U.S. Air Force
182) 국방부, 『전게서』, p.96.

〈그림 5-13〉 미래 우주력 운용도[183)]

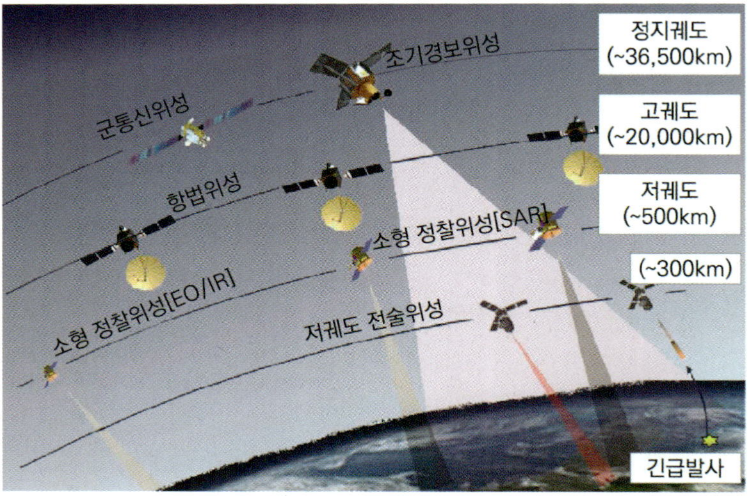

4) 방호 측면 군사혁신

적의 다양한 비대칭 위협으로부터 국가 중요시설과 수도권을 보호하고, 우군의 피해를 최소화 할 수 있는 방호 능력을 갖추어야 한다. 또한, 잠재적 위협에 의한 분쟁 예상지역의 주민과 우군을 방호할 수 있는 능력을 갖추어야 한다. 이를 구현하기 위한 구체적인 능력은 ① 항공기·미사일, 장사정포 등의 다양한 위협에 대비한 복합방호체계를 운용할 수 있는 다중방공 능력 ② 전략도서지역 및 화력도발 예상지역의 방호 능력 ③ 초전 생존성 보장 위한 진지·시설 방호 능력 ④ 대잠(對潛) 방호 능력 ⑤ 방위권내에서의 적 항공기/미사일 공격에 대한 다층방호 능력 등이다.[184)]

183) 『상계서』, p.96에서 재인용.

방호 임무를 수행함에 있어 적극적인 위협을 제거하기 위한 일환의 무기체계 중의 하나가 바로 방공무기이다. 방공무기는 많은 선진국들이 활용하고 있는 스텔스 기술을 적용하여 탐지·포착이 어려우며, 기동성 향상으로 요격이 곤란해지고 있는 다양한 공중위협으로부터 아군의 전략·작전·전술적 중점 자원 및 보호시설을 보호하는 중요한 역할을 담당하고 있다.[185]

〈그림 5-14〉 미래 방공무기 운용도[186]

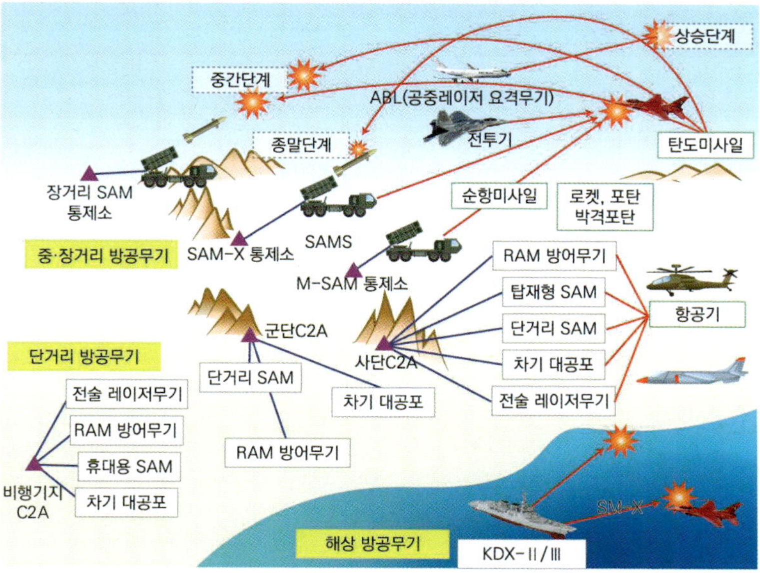

이와 함께 EMP(ElectroMagnetic Pulse: 전자기 펄스) 위협에 대한 방호력을 증진하기 위한 기술의 하나로, 전자기파를 반사하거나 흡수하는 물질 등을 표면에 코팅하는 방법을 활용하기 위한 시도를 하고 있다.

184) 합동참모본부, 『전게서』, pp.84~85.
185) 국방부, 『전게서』, p.103.
186) 『상게서』, p.104에서 재인용.

이처럼 다양한 위협에 효과적으로 부대시설 및 인원에 대한 보호를 위한 시설 및 장비에 대한 지속적인 발전 노력은 선택이 아닌 필수라 할 수 있다.[187)]

〈그림 5-15〉 EMP 공격에 대응 위한 테스트 시뮬레이션 중인 미군 항공기[188)]

방호는 지상군·해군·공군의 전력을 효과적으로 그리고 지속적으로 운용할 수 있도록 토대를 마련해 주는 핵심분야 중의 한 분야이다. 그렇기에 아군의 전투력을 투사할 수 있도록 제 영역에서 전투원과 시설·장비의 방호 활동은 아무리 강조해도 지나치지 않기에 우선순위를 설정하여 지속적으로 보완해 나가야 할 것이다.

187) 최성우 과학평론가, "현실화된 EMP 무기, 그 위협과 대응전게서", 사이언스타임즈, 2018.12.26.일자, https://www.sciencetimes.co.kr/news/%ED%98%84%EC%8B%A4%ED%99%94%EB%90%9C-emp-%EB%AC%B4%EA%B8%B0-%EA%B7%B8-%EC%9C%84%ED%98%91%EA%B3%BC-%EB%8C%80%EC%9D%91/ (검색일: 2021년 7월 8일)

188) ⓒ U.S. Air Force

5) 지속지원 측면 군사혁신

모든 합동작전의 형태에서 작전지속성을 유지하도록 지상군·해군·공군의 지속지원 능력을 발전시켜야 한다. 또한, 연합군과의 원활하고 유기적인 협조와 합참 중심의 지속지원능력 보장을 위해 연합·합동 군수지원체계의 발전이 필요하고, 웹기반의 국방인사·군수 통합정보체계를 발전시켜 나아가야 다양한 위협 상황에서도 효과적으로 대응해 나갈 수 있다.

이를 구현하기 위한 구체적인 능력으로는 ① 적정수준의 인원·물자·장비·탄약 확보 능력 ② 핵심전력의 무기·장비 가동률 유지 및 탄약 확보 능력 ③ 정밀타격무기를 활용하기 위한 적시적 지원(정비, 탄약)체계 ④ 국제 군사협력활동을 위한 원거리 군수지원 능력 ⑤ C4I 연동된 군수 통합정보체계 구축 및 운용 능력 등이다.[189)]

이러한 능력에 더해 미래전쟁에 효과적으로 대비하기 위한 여러 노력 중의 하나가 바로 지속지원이 없어도 장기간 합동작전이 가능한 지원 체계를 구비하는 것이라 생각한다. 특히, 전기에너지의 안정적, 지속적인 확보는 미래전쟁의 승패를 결정할 정도로 핵심적인 사안이 될 것이다.

왜냐하면 인공지능과 무인 자율 무기, 고출력 에너지 무기 등 미래전쟁에서 등장할 대부분의 신개념 무기체계는 전기에너지를 동력원으로 할 것이기 때문이다. 전기에너지는 미래의 동력원이자 화약·탄약을 대체하는 화력이기도 하다. 따라서 지속적인 공급이 가능한

189) 합동참모본부, 『전계서』, p.86.

전기에너지는 지상군·해군·공군의 주요 무기체계에 적용된다면 장시간 그리고 안정적인 운용이 가능한 토대를 제공할 것이다.

이처럼 미래의 에너지는 기존의 석유 등의 화석연료 대신에 토륨, 수소, 태양광 등의 대체 연료가 활용될 것이고, 핵융합 기술이 실용화 단계에 이를 것으로 예상된다. 특히, 태양광 에너지는 지상·해상·공중의 장비나 시설에 패널을 부착하여 획득하거나 우주 태양광 발전 위성을 통해 획득할 수 있다. 그리고 우주 태양광 발전은 인공위성에 거대한 태양전지판을 달면 태양광으로부터 필요한 전기를 얻을 수 있게 되고 이를 지구로 안전하게 보내는 문제만 해결하면 청정 에너지를 지상·해상·공중의 무기체계에 제공할 수 있는 획기적인 변화를 창출할 수 있게 된다.[190]

〈그림 5-16〉 미래 우주 태양광 발전소 운용도[191]

190) 육군미래혁신연구센터, 『전게서』, pp.152~153.
191) ⓒ ESA

이를 실현하기 위해 미국은 국제우주정거장에서 생산한 전기를 지상에 보내는 실험을 추진하고 있다. 유럽도 15km 길이 태양광 발전 위성을 개발하고 있다. 이러한 획기적인 실험이 성공한다면 공중에서 임무를 수행해야 할 전투기, 원해에서 임무를 수행할 구축함, 독립작전을 수행해야 할 지상군 장비에 태양광을 흡수하는 기술이 적용될 수도 있을 것이다.[192)]

뿐만 아니라 미래 에너지원 창출과 보급 개념과 함께 현재 구비되어 있는 자원에 대한 효과적인 배분에 초점을 맞춘 지속지원 군사혁신 방안도 함께 고려되어야 한다. 현재 많은 지속지원 개념에 적용되고 있는 'One-Stop'[193)]지속지원체계를 통한 전투부대의 전투지속성을 제공하는 방안으로 과학기술적 접근이 필요하다.

이러한 개념을 접목한 사례로 미국의 GE사는 항공기 분야에 대해 항공기 운용과 정비, 자산관리, 공급망(supply chain), 기후변화, 품질 등 모든 정보를 데이터화하여 소위 '프리딕스(PREDIX)'라는 디지털

192) 최인준 기자, "미래 에너지 '우주 태양광 발전'… 한국도 뛰어든다", 조선비즈, 2019.03.28.일자, https://biz.chosun.com/site/data/html_dir/2019/03/28/2019032800099.html (검색일: 2021년 7월 8일)

193) One-Stop의 개념은 사용자가 단 한번(One-Stop)의 요청으로 구매 또는 서비스를 받을 수 있도록 하기 위하여 관련 업무 프로세스의 개선, 필요 정보시스템 도입 등을 통하여 추진된 대 고객 전략의 일종이라 할 수 있다. 즉 One-Stop 지원은 기술혁신과 정보우세를 통하여 공급자로부터 사용자에 이르기까지 군수지원이 신속히 이루어지도록 구조와 절차를 혁신하고 장소에 관계없이 자신의 추적 및 전환을 가능하도록 하여, 다양한 수준의 작전에 대하여 지원을 제공하는 '정보·군수·수송 기술'이 융합된 지속지원의 한 형태라고 할 수 있다. 김동주, "'네트워크 중심 전쟁' 시대의 군지원체제 발전연구", 경기대학교 박사학위논문(2006), p.70.

플랫폼을 구축하고 항공분야 'One-Stop' 지속지원체계를 적용하고 있다. 이는 군용기를 포함한 항공기 관련 빅데이터 구축을 의미하며 회사의 역량을 집중하고 있다.[194] 이처럼 미국의 유수한 기업에서 운용하고 있는 선진 디지털 플랫폼을 한국군의 지속지원 분야에 도입한다면 전투효율성을 제고시킬 수 있을 것이다.

〈그림 5-17〉 GE "PREDIX"개념도[195]

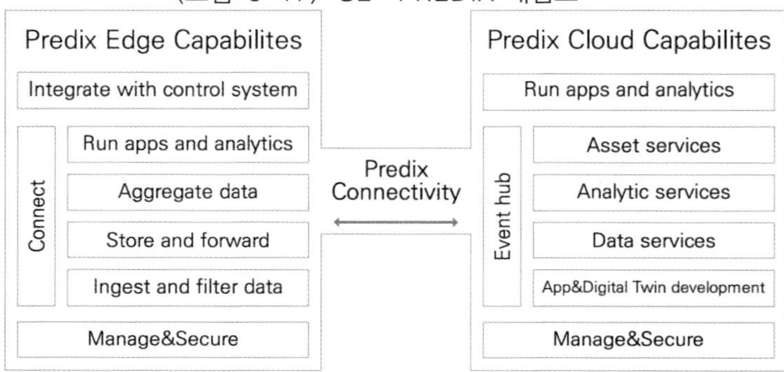

194) 장원준 외 4명, 『4차 산업혁명에 대응한 방위산업의 경쟁력 강화 전략』, 산업연구원(2017), p.292.
195) GE, 『PREDIX TECHNICAL WHITEPAPER: Predix Architecture and Services』(2018).

6 장

우리의 선택은?

제1절 전쟁의 본질에 대한 지속적인 탐구 필요성
제2절 군사혁신의 필요성
제3절 우리의 선택은?

미래 예측분야의 전문가인 앨빈 토플러(Alvin Toffler)는 『전쟁 반전쟁』 앞 부분에서 인용한 러시아의 혁명가 레온 트로츠키의 발언, "당신은 전쟁에 관심이 없을지 모르나 전쟁은 당신에게 관심이 있다."는 발언은 이 책을 집필하게 된 직접적인 동기이자 목적이기도 하다.

특히, 이 책이 주목했던 부분은 "전쟁이란 무엇인가?", "미래전쟁은 어떻게 다가올 것인가?", "우리는 무엇을 준비해야 하나?"이다. 해당 질문에 답을 구하고자 최근의 전쟁양상을 보여주고 있는 전쟁영화를 통해 미래전쟁의 실체가 무엇인지 들춰보고 그렇다면 우리는 무엇을 준비해야 할 지에 대해 고민해 보았다.

21세기 정보사회에서 과학기술이 차지하는 비중이 증대되면서 미래전쟁에도 많은 부분 영향을 미칠 것이라는 여러 전문가들의 주장은 일정 부분 논리적으로 타당하다.

그렇기에 현대를 살아가는 우리들에게 미래전쟁에 대한 관심은 필요성을 넘어 당위성 측면에서 충분히 충족시키고 있다. 그렇다면 우리는 무엇을 준비해야 할까? 분명 미래전쟁을 쉽게 예단할 수 없지만 아무것도 안하고 있는 것 또한 바람직하지는 않다. 우리는 부단히 미래전쟁에 대해 고민하고 준비하는 자세를 가져야 과거 한국의 아픈 역사를 되풀이 하지 않을 것이다.

최근 4차 산업혁명을 필두로 과학기술의 눈부신 발전은 '초지능화', '초연결성'을 추동하고 있다. 이는 인류와 국제사회가 변화의 소용돌이에서 갈등과 혼란보다 협력과 안정의 길을 모색하는데 더 많은 고민과 시간을 할애해야 한다는 것을 강요하고 있다.

인류가 생산양식의 변화와 부를 창출하는 방식의 변화로 야기되는 여러 예기치 못한 국가 간 또는 단체 및 조직 간의 갈등과 다툼은 적정한 수준에서 관리되지 않는다면 대화와 협상보다 단절과 폭력이라는 수단을 활용하는 상황을 더 많이 목도할 수 있다.

그러나 이러한 단절과 폭력적인 행위는 누구도 바라지는 않겠지만, 만약 전쟁으로 귀결된다면 이를 조기에 종결시킬 수 있는 방법은 무엇이며, 우리는 무엇을 할 수 있을까? 이러한 질문에 답을 찾고자 노력하는 과정 속에서 미래전쟁의 모습을 그려보고자 한 것이며, 이에 부응할 수 있는 수단과 방법은 무엇인지 고민하는 시간은 의미 있는 시간이었다.

특히, 최근 전쟁양상을 엿볼 수 있는 세 편의 영화를 통해서 미래전쟁의 모습에 대해 대략적이라도 가시화 해 볼 수 있었다. 그리고 그 과정 속에서 크게 두 가지 측면에서 '전쟁이란 무엇인지?' '군사혁신을 왜 해야 하는지?'에 대한 시사점을 도출할 수 있었다.

1절 전쟁의 본질에 대한 지속적인 탐구 필요성

클라우제비츠는 전쟁의 본질을 이론화 하기 위해 『전쟁론』을 집필했다. 왜 클라우제비츠는 전쟁의 본질이 무엇인지에 대해 끊임없이 질문을 던지며, 그에 대한 답을 찾으려 했던 것일까. 해당 질문에 대해 어느 누구도 쉽게 대답할 수 있지는 못하지만, 클라우제비츠가 『전쟁론』을 집필했던 시대적 배경과 철학적·지적 배경, 그리고 정치적·군사적 배경을 살펴보면 어렴풋이나마 유추할 수 있을 것이

다.[196)]

무엇보다도 클라우제비츠는 전쟁은 국가와 국민에게 있어 가장 중요한 문제라는 인식하에서 시대를 초월해서 적용 가능한 전쟁의 본질에 대한 총체적이며, 합리적인 이론적 토대를 도출하는데 생애를 바치고자 했던 열망이 남달랐던 것 같다.[197)] 즉, 효과적인 전략적 틀이나 전술적 조치들을 고안해내는 것보다, 전쟁의 항구적 요소들을 구별해내고 그것들이 어떻게 작용하는가를 도출하는데 주목했다.

이런 연유로 『전쟁론』은 오늘날에도 발생하고 있는 여러 전쟁에 대입시켜 설명해도 타당성을 인정받고 있어, 불멸의 고전으로 칭송받고 있는 이유라 할 수 있다.

클라우제비츠에 의하면 과거의 전쟁연구를 통해서 도출한 전쟁이론은 최고지휘관들이 성취한 바를 이해할 수 있도록 해 줄 뿐만 아니라, 그들의 업적이 어떻게 창조적이고 독창적이었는지를 음미하게 해줌으로써 후대의 귀감이 되게 한다는 것이다. 그리고 이러한 전쟁이론의 핵심 자양분인 전쟁연구는 전장의 실상을 간접적으로 체험하게끔 해준다.[198)]

이처럼 과거 전쟁사 연구를 통해 도출된 전쟁이론은 '전쟁의 현상'을 이해하는 것을 넘어 '전쟁의 본질'까지도 꿰뚫어 볼 수 있는 과학적 도구 역할도 하고, 지휘관의 정신 속에 내면화 되어 지휘술

196) 허남성, 『전쟁과 문명』, 플래닛미디어(2014), pp.325~343.
197) 『상게서』, pp.383~384.
198) 『상게서』, pp.384~385.

에 창조적이고 독창적으로 활용될 수도 있다.

결국 전쟁의 본질과 전쟁이론에 대한 탐구는 '미래전쟁'을 준비해야 할 리더들에게 깊은 영감과 자신감 그리고 리더십을 배양하는데 큰 역할을 담당하리라 확신한다. 그리고 이러한 교육을 통해서 군사적 능력이 배가된다면 불확실성이 지배하는 미래전쟁에서 '문제의 해결 방법을 아는' 리더로 평가 받을 수 있게 될 것이다.

2절 군사혁신의 필요성

지나온 시간을 반추해 보면 미국과 러시아 등 군사강국들의 끊임없는 '군사혁신'은 그 당시 해당 국가가 처해 있었던 안보환경과 대외인식에 맞닿아 있다. 역사적 사례로서, 조선의 군사기술 측면에서 성웅(聖雄) 이순신 장군의 '거북선'의 개발, 프러시아의 조직/편성 측면에서 '일반참모제도(General Staff System)'의 창안, 미국의 전략/교리 측면에서 '공지전투/작전(ALB: Air-Land Battle/Operation)' 등은 모두 그 당시 위기상황에서 만들어진 군사혁신의 명품들이다.199)

이러한 역사적 사례를 거울삼아 한국군의 처해진 환경과 실정에 부합된 군사혁신을 추진하는 것은 '선택'이 아닌 '필수'이다. 해당 주장의 논거를 '북한 위협에 대한 대응 차원', '한반도 통일 주도 차원', '자주국방과 한미동맹 차원'에서 살펴보고자 한다.

먼저 북한 위협에 대한 대응 차원에서 북한은 핵·미사일을 포함

199) 권태영·노훈, 『전계서』, p.349.

한 비대칭 전력을 지속 개발 및 보유하고 있다. 이러한 위협을 억제하기 위한 구체적인 군사혁신 노력은 지속해야 한다. 그래야 북한이 핵무기 사용을 운운하는 수사적(rethoric) 위협을 포함한 실질적인 위협 행위에 대한 억제가 작동할 수 있다.

특히, 북한이 핵무기 사용을 고려하지 못하도록 한반도 내에 북한에 대해 거부적 억제[200]가 실현될 수 있도록 제반능력을 확충하는데 힘을 쏟아야 한다. 대표적인 능력 확충이 필요한 분야는 북한의 핵무기 사용 움직임을 조기 경보할 수 있는 정찰·감시체계이다.

이에 더해 북한이 핵무기를 포함한 대량살상무기를 실제로 사용하려는 움직임에 대해 그 표적을 선제 타격할 수 있는 중장거리 정밀 폭격능력을 향상시켜야 한다.[201]

한반도 통일 주도 차원에서 살펴보면 한국 주도의 평화통일을 성공적으로 성취하려면 경제력은 물론 군사력도 북한보다 우월해야 한다. 과거 독일의 '흡수식' 평화통일은 서독이 경제력만 우월해서가 아니고 자체의 군사력인 동독보다 최소 3배 이상 우월하고 미국을 비롯한 NATO 세력이 서독 연방군을 강력하게 뒷받침했기 때문이다.

이와 함께 예멘의 '합의식' 통일도 북예멘이 경제력 뿐만 아니라 군사력도 상대적으로 우월했고, 그 결과 통일 직후에 발생한 남예

200) '거부적 억제'는 상대가 선제공격을 하더라도 패배당할 가능성이 클 뿐만 아니라 승리하려면 더 큰 손실을 입을 각오를 해야 한다고 방어측이 침략자에게 강요함으로써 억제를 달성하는 경우를 말한다. 한용섭, 『국방정책론』, 박영사(2012), p.156.

201) 『상게서』, p.173.

멘의 반기를 군사력을 이용해서 마무리할 수 있었다. 이처럼 지나온 역사적 사례를 고찰해 보면 한국 주도의 평화통일을 위해서는 일정한 군사력이 필요함을 방증하고 있다. 그리고 이러한 한국 주도의 평화통일을 뒷받침 할 수 있는 군사력이 효과있게 그리고 지속가능하게 유지될 수 있는 방안 중에 한 가지가 바로 지속적인 군사혁신이라 할 수 있다.[202]

자주국방과 한미동맹 차원에서 살펴보면 한미동맹 속의 자주국방이 실현될 수 있도록 지속적인 군사혁신을 진행해야 한다. 전략/교리 측면에서는 미래 주한미군의 구체적인 역할에 대한 공감대 형성이 필요하며, 연합방위태세에 대한 구체적인 방위개념을 공유 및 지속 발전시켜 나가야한다.

그리고 군사기술 측면에서는 한국은 미국이 많은 부분을 제공하고 C4ISR 분야에 독자적으로 일정한 능력을 구비할 수 있도록 노력해야 한다. 뿐만 아니라 조직/편성 측면에서는 미래 전시작전통제권이 한국군에게 전환 시 한미연합방위태세의 능력이 십분 발휘될 수 있는 지휘구조를 모색하는데, 한국과 미국이 머리를 맞대고 열띤 논의를 통해 변화시켜 나가야 할 것이다.[203]

202) 권태영·노훈, 『전게서』, pp.355~356.
203) 한용섭, 『전게서』, pp.307~308.

3절 우리의 선택은?

최근 '미래전쟁'과 관련하여 탁월한 통찰력을 제공하고 있는 저서가 출간되었는데, 전쟁학 및 군사전략 분야의 세계적인 권위자인 로렌스 프리드먼(Lawrence Freedman)의 『전쟁의 미래』이다. 이 책에서는 19세기 중반 프로이센·프랑스 전쟁부터 오늘날에 이르기까지 미래전쟁에 관한 중요한 연속성이 있음을 증명하고 있다. 그러면서 저자는 미래전쟁에 대해 아래와 같이 언급하며 '인간의 결정'의 중요성을 시사하고 있다.

"미래에 일어날 일은 미리 정해진 것이 아니라 인간의 결정에 따라 달라진다. 미래전쟁에 관한 사고는 기껏해야 그러한 선택의 방안들을 얘기해 줄 뿐이다. 그렇지만 그로써 각국 정부에 생각할 문제들에 관해 경고하고 미래에 일어날 가능성이 있는 일들과 최악의 상황을 피하기 위해 취할 수 있는 조치에 관해 생각하도록 도움을 줄 것이다."204)

미래전쟁은 쉽게 예측할 수 없으며, 그렇기에 효과적인 준비에 대한 논의가 쉽게 결론에 다다르지 않을 것이다. 그렇다고 미래전쟁에 대한 아무런 고민과 생각을 하지 않는 것이 맞는걸까. 참으로 난처한 상황이다.

그럼에도 불구하고 우리는 지나온 전쟁의 역사를 고찰하면서, 앞으로 무엇을 선택해야 할지에 대해 여러 이론과 과학적인 접근을

204) 로렌스 프리드먼 지음, 『전게서』, 조행복 옮김, pp.10~11.

토대로 진지한 고민과 생각, 그리고 준비만이 누구도 원치 않는 '전쟁'의 소용돌이로 빠져들게 하지 않게 하는 방파제 역할을 할 것이다. 과거 6·25전쟁에서 탁월한 리더의 모습을 보여주었던 더글라스 맥아더(Douglas MacArthur) 장군의 전쟁을 억제하는데 준비의 중요성을 강조한 말을 곱씹어 보아야 할 시기라 생각한다.

"평화, 부유함, 독립성 그리고 자존심을 지키고자 하는 모든 국가는 열정과 함께 스스로 자국을 방어할 수 있도록 항상 준비하는 자세가 필요하다. 미리 준비하지 않아 군사력이 퇴보된 국가들은 역사적으로도 많이 존재했고 적국으로부터 공격을 받아서 멸망되기까지 했다는 사실을 잊어서는 안 된다."[205)]

마지막으로 이 책이 '전쟁'과 '군사' 그리고 '미래전쟁'에 대해 궁금해 하고 고민하는 '미래의 주역'인 사관생도, 후보생 그리고 군사분야에 관심 있는 젊은 학생, 초급 장교 및 부사관, 일반 독자들에게 흥미를 유발하고, 새로운 관점을 촉매해 주는 단초의 역할을 담당하기를 소망한다.

205) 시어도어 키니 & 다나 키니 지음, 『맥아더의 승리하는 리더십』, 김현 옮김, 북코리아(2010), p.271.

에필로그

"평화를 원하는 자는 전쟁을 준비해야 합니다."

고대 로마의 군사저술가였던 플라비우스 베게티우스 레나투스(Flavius Vegetius Renatus)가 4세기 경 남긴 "평화를 원하는 자는 전쟁을 준비해야 합니다." 이 금언은 이후 유럽의 군사지도자들에게 바이블이 되었다. 그리고 이를 실천한 지도자는 번영을 누렸지만, 이를 실천하지 않은 지도자는 패망의 길로 들어섰음을 역사가 증명했다.

한반도는 과거의 굴곡진 역사를 통해 알 수 있듯이, 강대국들의 경쟁 속에서 위치하고 있다. 특히, 최근 미국과 중국의 패권경쟁이라는 구도 속에서 국가안보와 평화를 증진해 나아가야 할 숙명을 받아들이고 지혜롭게 구현해야 하는 엄중한 상황에 놓여 있다.

그렇기에 어느 누구보다도 주변 안보환경에 관심을 갖고, 변화하는 현실을 직시하고 담대히 대응해 나아가야 한반도에서의 항구적 평화를 지켜나갈 수 있다. 이러한 관점에서 이 책은 '미래의 주역'인 사관생도, 후보생 그리고 군사 분야에 관심 있는 젊은 학생들에게 '미래전쟁'에 대한 관심을 촉진코자 집필하게 됐다. 그리고 독자들에게 친숙하게 다가가기 위해 '전쟁영화'를 통해서 '미래전쟁', '합동성', '군사혁신'이라는 세 가지 키워드를 가지고 고민한 흔적을 기록한 것이다.

인류 최초로 기록된 수메르 전쟁부터 최근의 아프가니스탄 전쟁 및 이라크 전쟁 그리고 러시아의 크림반도 합병까지 인류는 '전쟁의 굴레' 속에서 살아가고 있는 것이 엄중한 현실이다. 이 점을 깊이 인식하지 않는다면 역사는 되풀이 될 수도 있다.

결국 '전쟁'이라는 초대받지 않은 손님이 한반도에 찾아오지 않도록 전쟁의 원인에 대한 면밀한 분석과 이를 예방하고 억제할 수 있도록 모든 역량을 투입 해야 할 것이다. 마지막으로 JTBC에서 두터운 시청자 층을 형성하고 있는 프로그램 중에 하나인 『차이나는 클라스』에서 방영된 전쟁 관련 교훈을 소개하고자 한다.

"군대를 잃으면 전쟁이 난다."
"냉정함을 잃으면 전쟁이 난다."

참고문헌

1장

국방부, 『국방백서 2020』, 국군인쇄창(2020)

앨빈 토플러, 하이디 토플러 지음, 『전쟁 반전쟁(War and Anti-War』, 김원호 옮김, 청림출판(2011)

육군미래혁신연구센터, 『육군비전 2050』, 국군인쇄창(2020)

박민형, "전쟁 패러다임의 진화와 용병과 양병의 새로운 이중주", 『한국방위산업학회보』 제20권 제2호, (2013)

이수진·박민형, "제5세대 전쟁 : 개념과 한국 안보에 대한 함의", 『한국군사』 제2호, (2017)

2장

김만수, 『전쟁론 강의』, 갈무리(2016)

로렌스 프리드먼 지음, 『전쟁의 미래』, 조행복 옮김, 비즈니스북스(2020)

손자 지음, 『손자병법』, 김광수 역/해설, 책세상(1999)

앤드류 헤이우드 지음, 『국제관계와 세계정치』, 김계동 옮김, 명인문화사(2013)

육군사관학교 군사학처, 『군사학 길라잡이』, 양서각(2004)

카를 폰 클라우제비츠 지음, 『전쟁론』, 김만수 옮김, 갈무리(2016)

김태효, "군사안보외교", 『현대외교정책론』, 김계동 외 지음, 명인문화사(2016)

타라크 바르카위, "전쟁과 세계정치", 황지환 옮김 ; 존 베일리스·스티브 스미스·퍼트리샤 오언스 편저, 『세계정치론』, 하영선 외 옮김, 을유문화사(2019)

팀 던, "자유주의", 김상배 옮김 ; 존 베일리스·스티브 스미스·퍼트리샤 오언스 편저, 『세계정치론』, 하영선 외 옮김, 을유문화사(2019)

팀 던·브라이언 슈미트, "현실주의", 신욱희 옮김 ; 존 베일리스·스티브 스미스·퍼트리샤 오언스 편저, 『세계정치론』, 하영선 외 옮김, 을유문화사(2019)

퍼트리샤 오언스·존 베일리스·스티브 스미스, "서론: 국제정치에서 세계정치로", 『세계정치론』, 하영선·이정환 옮김, 을유문화사(2019)

3장

국방기술품질원, 『시나리오로 보는 미래전장무인기술 2050(요약본)』, 경성문화사(2014)

국방대학교, 『안보관계용어집』, 국방대학교(2002)

국방부, 『2019~2033 국방과학기술 진흥정책서』, 경성문화사(2019)

군사용어대사전 편집위원회, 『군사용어대사전』, 청미디어(2016)

권태영·노훈, 『21세기 군사혁신과 미래전: 이론과 실상, 그리고 우리의 선택』, 법문사(2008)

김영환 외 4명, 『제대별 6대 전투수행기능을 고려한 균형된 전력화 추진방향 연구』, 안보경영연구원(2017)

김철환 · 이채언 · 하철수, 『전장기능별 무기체계』, 대한기획인쇄(2015)

노양규 · 신종태 · 이종호, 『미래 지상군 기본전술제대 편성 연구』, 한국국방발전연구원(2012)

김진오 등 공저, 『미래전의 희망 국방 로봇』, 성안당(2018)

두석주 등 6명, 『미래전과 정보작전』, 황금소나무(2017)

문장권, 『미래 유·무인 혼합 보병대대 운용개념과 편성 방안 연구』, 국군인쇄창(2020)

매일경제 국민보고대회팀, 『밀리테크4.0』, 매일경제신문사(2019)

육군교육사령부, 『다영역 전투(21세기 제병협동의 진화)(번역본)』, 육군교육사령부(2017)

육군본부, 『육군 기본정책서 : 육군비전 2030』, 국군인쇄창(2019)

이근욱, 『미래전쟁과 육군력』, 한울아카데미(2017)

이진호 · 김종현 · 김우람 지음, 『합동성 강화를 위한 무기체계』, 북코리아(2013)

토마스 S. 쿤 지음, 『과학혁명의 구조』, 김명자 역, 까치글방(1999)

Department of The Army, 『ADP 7-0 TRAIING』, (29 August 2018)

Department of the Army, 『SBCTINFANTRY BATTALION(ATP 3-21.21)』 (Washington, D.C, 2016)

Department of the Army, 『SBCT INFANTRY RIFLE PLATOON AND SQUAD(ATP 3-21.9)』 (Washington, D.C, 2010)

Department of the Army, 『SBCT INFANTRY RIFLE COMPANY(ATP 3-21.11)』 (Washington, D.C, 2017)

Department of the Army, 『The U.S Army Operating Concept : Win in a Complex World』, Training and Doctrine Command (TRADOC) Pamphlet, 525-3-1(October 2014)

Office of the Secretary of Defense, UNMANNED AERIAL VEHICLES ROADMAP FY 2000-2025, U.S Department of Defense(2001)

Office of the Secretary of Defense, UNMANNED SYSTEMS INTEGRATED ROADMAP FY 2017-2042, U.S. Department of Defense(2018)

고원, "전쟁 패러다임의 변화와 한국군에의 시사점", 『국방정책연구』 제26권 4호, 한국국방연구원(2010)

김경순, "러시아 군개혁의 동향과 전망 : 2008년 군개혁을 중심으로", 『국제관계연구』 제17권 제1호, (2016)

김도종, "군사용 지상로봇 기술개발 현황", 『한국정보기술학회지』 제17권 1호, (2019)

나종철, "미래전 대응을 위한 지상로봇 획득 및 운용전략에 관한 연구", 국방대학교 석사학위논문(2012)

나종철, "미래전 대응을 위한 지상로봇 운용전략에 관한 연구", 『국방과 기술』 제412호, (2013)

박상현 외 3명, "미래의 무인체계, 킬러로봇에 대한 비판적 고찰", 『주간국방논단』 제1681호, (2017)

박지훈, "4차 산업혁명 시대 한국군 군사혁신 추진 방향", 『주간국방논단』 제1704호, (2018)

이영형, "러시아와의 군사협력 평가 및 증진방안", 『주요국과의 군사협력 평가 미치 증진방안』, 국가안전보장문제연구소(2017)

이승호, "미래전쟁 양상 변화와 지상군 역할", 『전략연구』 제22권 3호, 한국전략문제연구소(2015)

임시온, "작전수행과정 간 작전지속지원실 운용", 『군사평론』 제447호, 합동군사대학교(2017)

엄홍섭, "전투효과에 기초한 로봇 활용 보병소대의 설계방법 연구", 광운대학교 박사학위논문(2015)

Amos C. Fox & Andrew J. Rossow, "Making Sense of Russian Hybrid Warfare : A Brief Assessment of the Russo-Ukrainian War", THE LAND WARFARE PAPERS, No. 112, (2017)

Lester W. Grau & Charles K. Bartles, "The Russian Way of War : Force Structure, and Modernization of the Russian Ground Forces", Foreign Military Studies Office (2016)

Phillip A. Karber "RUSSIA'S HYBRID WAR CAMPAIGN : Implications for Ukraine & Beyond", Center for Strategic and International Studies (2015. 3. 10)

Stephen D. Biddle, "The Gulf War Debate Redux:Why Skill and Technology are the Right Answer", International Security Vol.22, No.2, (1997)

Zachary L. Morris, "Developing a Light Infantry-Robotic Company as a System", Military Review, July-August (2018)

권혁철 기자, "그들은 전장의 해결사인가", 한겨레21, 2003.08.21.일자, https://h21.hani.co.kr/arti/COLUMN/17/8815.html (검색일: 2019년 8월 6일)

김민석 한국국방안보포럼 연구위원, "제123회 방추위 리뷰, 전차 에어컨이 신무기 도입만큼 중요한 이유", 비즈한국, 2019.09.14.일자, http://www.bizhankook.com/bk/article/18535 (검색일: 2019년 8월 8일)

김지은 기자, "골프공 크기 '초소형 위성 산업' 뜬다", 한겨레, 2015.05.10.일자, https://www.hani.co.kr/arti/international/globaleconomy/690583.html?_fr=gg#cb (검색일: 2019년 7월 26일)

박희준 기자, "북한 신형자주포 vs 한국 K9", 글로벌 이코노믹, 2019.05.11.일자, http://news.g-enews.com/view.php?ud=201905110925292996c5557f8da8_1&md=20190511145808_M (검색일: 2019년 8월 8일)

조유주 인턴기자, "〈그래픽〉 군 입대 가능 인원 전망", 연합뉴스, 2016.05.17.일자, http://yna.co.kr/view/GYH20160517000900044 (검색일: 2019년 7월 26일)

J. Fingas, "NSA can hack WiFi devices from eight miles away", Engadget, 2013.12.30.일자, https://www.engadget.com/2013/12/30/nsa-can-hack-wifi-devices-from-eight-miles-away/ (검색일: 2019년 7월 26일)

Joseph Trevithick, "This Is The Army's New Electronic Warfare Vehicle, The First Of Its Kind In Years", The drive, 2018.09.11.일자, https://www.thedrive.com/the-war-zone/23506/this-is-the-armys-new-electronic-warfare-vehicle-the-fi

rst-of-its-kind-in-years (검색일: 2019년 7월 26일)
https://armyrecongnition.com/finland_finnish_artilleryvehicle_systems weapons/nemo_patria_amv_120mm_8×8_selfpropelled_mortar _carriertechnical_data_sheet_specifications_pictures.html (검색일: 2019년 8월 8일)
https://www.army-technology.com/projects/themis-hybrid-unmannec - ground-vehicle/ (검색일: 2019년 7월 26일)
https://www.israeliweapons.com/weapon/aricraft/uav/orbiter/Orbiter .html (검색일: 2019년 7월 26일)
https://www.kremlin.ru/events/president/news/copy/15242 (검색일: 2019년 7월 24일)
https://m.news.zum.com/articles/29723849; https://en.m.wikipedia.org/wiki/Modular_Advanced_ArmedRob otic_System (검색일: 2019년 7월 26일)
https://terms.naver.com/entry.nhn?docId=3580669&cid=59087&categoryI d=59087 (검색일: 2019년 7월 26일)
https://www.raytheon.com/news/feature/forty-five-down; https://www.foxnews.com/tech/amazing-military-atvs-armed-with-las74er-weapons-will-blast-drones-out-of-the-sky (검색일: 2019년 7월 26일)
https://smallwarsjournal.com/author/jeff-becker (검색일: 2019년 8월 8일)

4장

김계동 외, 『북한의 체제와 정책 : 김정은시대의 변화와 지속』, 명인문화사(2014)
김상배·신범식 엮음, 『한반도 신흥안보의 세계정치 : 복합지정학의 시각』, 사회평론아카데미(2017)
김열수, 『21세기 국가위기관리체제론』, 오름(2005)
김종하·김재엽 공저, 『군사혁신(RMA)과 한국군』, 북코리아(2008)
김준석, 『21세기 미국-유럽 동맹관계의 변환』, 동아시아연구원(2009)
NATO Office of Information & Press 저자, 『NATO의 실상과 이해』, 한

용섭·박휘락 역, 국방대학교 안보문제연구소(2007)

이수형, 『북대서양조약기구(NATO) 이론·역사·쟁점』, 서강대학교 출판부(2012)

안광수 등, 『한반도 안보환경에서의 신속대응군 역할과 운용방안』, 한국국방연구원(2011)

Douglas A. Macgregor, Transformation Under Fire : Revolutionizing How America Fights, (Santa Barbara, C.A.: Praeger Publishers, 2003)

John Baylis, Steve Smith, Patricia Owens, The Globalization of World Politics : An Introduction to International Relations 7th ed, (New York: Oxford University, 2017)

U. S. Army Training and Doctrine Command. TRADOC Pamphlet 525-3-1, The U.S. Army Operating Concept: Win in a Complex World 2020-2040 (2014. 10. 31.)

Williamson Murray and Allan R.Millett, Military Innovation in the Interwar Period, (New York, N.Y. : Cambridege University Press, 1998)

김동한, "역대 정부의 군구조 개편 계획과 정책적 함의", 『국가전략』 제17권 1호, (2011)

김성만, "북한의 무력도발을 억제하는 방안", 『전략논단』 제13권, (2011)

노훈·조관호, "군 상부구조 개편 : 동기와 구현방향", 『전략연구』 제51호, (2011)

문장권, "전통적·비전통적 안보문제와 군사혁신 방안 연구", 『군사연구』 제150집, (2020)

박봉규, "군사혁신의 이론과 실제 : 미국 군사혁신의 전개과정을 중심으로", 『아세아연구』 제46권 1호, (2003)

전일욱, "한국 사드(THAAD)배치 결정에 대한 SWOT분석", 『한국동북아논총』 제81호, (2016)

한국군사문제연구원, "미래전에 대비한 합동작전 기본개념 발전방향", 2016-5차 정책포럼 결과보고서, 한국군사문제연구원(2016)

국방부, '4차 산업혁명 스마트 국방혁신' 전체회의 개최, https://www.gov.kr/portal/ntnadmNews/1990482 (검색일: 2019년 11월 24일)

김귀근 기자, "中군용기, 또 韓방공식별구역 진입후 이탈…올해 여섯 번째(2보)", 연합뉴스, 2018.10.29.일자, https://news.joins.com/article/23561598

(검색일: 2019년 11월 30일)

김귀근 기자, “미 본토 기갑여단, 한국에 순환배치.."한국 작전환경 경험"”, 연합일보, 2020.10.15.일자, https://news.v.daum.net/v/20201015165046468?x_trkm=t (검색일: 2020년 10월 22일)

김광수 기자, “꿈일까 몽상일까... 프랑스 · 독일, 유럽 군대 창설 모처럼 의기투합”, 한국일보, 2018.11.26.일자, https://www.hankookilbo.com/News/Read/201811141728741037 (검색일: 2019년 11월 24일)

김정원 기자, “중국 정찰기, 이어도 부근 방공식별구역 침범”, 한국일보, 2018.10.29.일자, https://www.hankookilbo.com/News/Read/20181029 1733728764 (검색일: 2019년 11월 30일)

김정호 기자, “윤곽드러나는 주한미군 재편/1여단 병력증강 "기갑 UA"로”, 한국일보, 2004.08.23.일자, hhttps://m.hankookilbo.com/News/Read/200408230035627030 (검색일: 2019년 10월 22일)

김호준 기자, “육군미래혁신연구센터 발족…"20년 후 육군 청사진 설계"”, 연합뉴스, 2018.07.03.일자, https://www.yna.co.kr/view/AKR20180703051800014 (검색일: 2019년 11월 24일)

김환용 편집위원, “호르무즈해협, 세계 에너지 안보에서 왜 중요한가?”, 글로벌-Biz, 2019.07.15.일자, http://www.g-enews.com/view.php?ud=201907150907254569f806fa96c5_1&mobile=1 (검색일: 2019년 11월 24일)

박창권 기자, “천안함 피격사건의 군사적 교훈과 한국의 대응방향”, 코나스넷, 2011.03.22.일자, https://www.konas.net/article/article.asp?idx=24950(검색일: 2019년 10월 22일)

박현영 기자, “결국 주독미군 1만2000명 감축…트럼프·에스퍼 변명 달랐다”, 중앙일보, 2020.07.30.일자, https://news.joins.com/article/23836913 (검색일: 2019년 10월 22일)

이근평 기자, “독도방어훈련 이지스함·특전사 첫 투입”, 중앙일보, 2019.08.26.일자, https://news.joins.com/article/23561598 (검색일: 2019년 11월 30일)

이재림 기자, “대전 자운대서 합동군사대학교 창설식”, 연합뉴스, 2011.12.01.일자, https://news.naver.com/main/read.nhn?mode=LSD&mid=sec&sid1= 100&oid=001&aid=0005399755 (검색일: 2019년 10월 22일)

이철재 기자, “미 육군의 신속대응 전력인 스트라이커 부대, 한국에 전개”,

중앙일보, 2017.03.29.일자, https://news.joins.com/article/21416591; https://ko.wikipedia.org/wiki/루이스-맥코드_합동기지 (검색일: 2019년 11월 24일)

안승회 기자, "[스마트해군] 다자간 협력 강화…싸우지 않고 이기는 방법 찾는다", 국방일보, 2019.06.13.일자, http://kookbang.dema.mil.kr/newsWeb/m/20190614/4/BBSMSTR_000000010024/view.do (검색일: 2019년 11월 30일)

양지웅 기자, "아프리카돼지열병과의 사투 50일째…강원도, 차단 방역 온힘", 연합뉴스, 2019.11.05.일자, https://www.yna.co.kr/view/AKR20191105067 200062 (검색일: 2019년 11월 24일)

포스텍 박태준미래전략연구소 국방연구팀, "[주간 인사이트 / 군대연구 ③] 전쟁 계획조차 독자적으로 만들지 못하는 한국군 - 미군과 영어로 전술 토론할 장교도 너무 부족하다", 인사이트, 2019.04.25.일자, https://news.joins.com/article/23561598 (검색일: 2019년 11월 30일)

http://kookbang.dema.mil.kr/newsWeb/m/20200618/1/BBSMSTR_00000010021/view.do (검색일: 2019년 11월 24일)

https://ko.wikipedia.org/wiki/NATO_대응군 (검색일: 2019년 11월 24일)

http://news.khan.co.kr/khnews/khan_art_view.html?art_id=201806212111035 (검색일: 2019년 11월 24일)

5장

국방부, 『2014~2028 국방과학기술진흥정책서』, 국군인쇄창(2014)

New Military Paradigm 저, 『4세대 전쟁』, 조상근 기획, 집문당(2010)

David P. Barash • Charles P. Webel 지음, 『전쟁과 평화』, 송승종·유재현 옮김, 명인문화사(2018)

이만종, 『국경이 사라진 전쟁 : 진화하는 테러리즘』, 솔과학(2020)

인남식, 『21세기 국제안보와 신테러리즘 : 알카에다의 성격변화와 미국의 새로운 대테러리즘 전략』, 한국국제정치학회 안보국방학술회의(2011,8)

장원준 외 4명, 『4차 산업혁명에 대응한 방위산업의 경쟁력 강화 전략』, 산업연구원(2017)

토마스 햄스 저, 『21세기 제4세대 전쟁』, 최종철 역, 국방대 안보문제연구소(2008)

합동참모본부, 『2021~2028 미래 합동작전 기본개념서』, 국군인쇄창(2014)

GE, 『PREDIX TECHNICAL WHITEPAPER: Predix Architecture and Services』(2018)

김동주, "'네트워크 중심 전쟁' 시대의 군지원체제 발전연구", 경기대학교 박사학위논문(2006)

김일수, "테러리즘과 반테러리즘의 국제정치", 『사회과학연구』 제19권 2호, (2002)

제임스 키라스, "테러리즘과 지구화", 조동준 역 ; 존 베일리스, 스티브 스미스, 퍼트리샤 오언스 지음, 『세계정치론』, 하영선 외 옮김, 을유문화사(2019)

최한수, "4세대 전쟁의 한반도 적용 가능성 연구", 『국방정책연구』 제29권 제4호, (2013)

"[그래픽뉴스] 이라크전 전황(27일)』", 중앙일보, 2003.03.27.일자, http://kookbang.dema.mil.kr/newsWeb/m/20190614/4/BBSMSTR_000000010024/view.do (검색일: 2019년 11월 30일)

최성우 과학평론가, "현실화된 EMP 무기, 그 위협과 대응전게서", 사이언스타임즈, 2018.12.26.일자, https://www.sciencetimes.co.kr/news/%ED%98%84%EC%8B%A4%ED%99%94%EB%90%9C-emp-%EB%AC%B4%EA%B8%B0-%EA%B7%B8-%EC%9C%84%ED%98%91%EA%B3%BC-%EB%8C%80%EC%9D%91/ (검색일: 2021년 7월 8일)

최인준 기자, "미래 에너지 '우주 태양광 발전'… 한국도 뛰어든다", 조선비즈, 2019.03.28.일자, https://biz.chosun.com/site/data/html_dir/2019/03/28/2019032800099.html (검색일: 2021년 7월 8일)

https://nownews.seoul.co.kr/news/newsView.php?id=20210523601001‘#csidxedd4e0aac662b68b916d9562f51cb93 (검색일: 2021년 7월 12일)

6장

로렌스 프리드먼 지음, 『전쟁의 미래』, 조행복 옮김, 비즈니스북스(2020)

시어도어 키니 & 다나 키니 지음, 『맥아더의 승리하는 리더십』, 김현 옮김, 북코리아(2010)

허남성, 『전쟁과 문명』, 플래닛미디어(2014)

한용섭, 『국방정책론』, 박영사(2012)

미래전쟁, 어떻게 다가올 것인가?

전쟁영화와 미래전쟁

저자 문장권
ISBN 978-89-5568-514-5
발행일 2021년 10월 15일
정가 18,000원

발행처 도서출판 양서각
발행인 신대영
주소 경기도 가평군 청평면 소돌말길 7-6
이메일 ysgbook@hanmail.net
전화 02-991-6234~5